做自己的煉金師

來讀《論語》吧！

黃秋芳 著
Bianco Tsai 繪

推薦序

讀《論語》的通關心訣

黃啟方
世新大學終身榮譽教授
前臺灣大學文學院院長
前國語日報董事長

也算是一氣讀完了小學妹秋芳這一部新書，一面讀，一面打從心裡感動，讀完一卷，就緊接著讀下一卷：雖然門鈴、電話，呼喚不停，但從容回應後，又回到書卷上，繼續讀，就如身在奇幻旅程中：奇光異景，柳不暗而紛華亮眼，怎能中斷！呵！小學妹真是眼高又手高，把孔夫子平凡中見偉大和《論語》要言不繁的現實精神說得明白透徹了！

新鮮生動的詮釋觀點

在距離《論語》時代如此遙遠又有許多枝節論述的現代，如何用最生動而輕鬆的敘述，引發年輕讀者的迴響與共鳴，其難度是可以想像的。首先要面對的是：《論語》有二十篇，四百九十二章，作者努力找出二十章，渴望掏出「生存的基礎」、「生活的磨練」、「生命的美感」、「人生整體的領略」。二十章已經選出了，該怎麼開航呢？

秋芳說：「解說《論語》的書很多，每一本都循著不同的主軸進行，嶄露出獨特的個性。我們只選摘二十章，像『武功心法』，從『入則孝，出則弟，謹而信，汎愛眾』展開自我修練，一遍一遍摸索，一遍一遍犯錯，一遍一遍失落又重建，直到『十有五而志於學，三十而立，四十而不惑，五十而知天命，六十而耳順，七十而從心所欲、不逾矩』，好像玄幻小說，終於完成了人生的打磨。」

孔夫子的一生，如似「玄幻小說」，那麼秋芳這本書，就更像了呀！寫孔子和《論語》，引了三國人物諸葛亮、曹操、趙子龍也已出奇，還引了西方人物蘇格拉底、法蘭西斯．培根、伏爾泰和拿破崙；引了楊絳女士的百歲箴言，已夠現代，竟還有西洋歌手披頭四、約翰．藍儂，真是奇幻呀！但也可見秋芳讀書精深，閱歷廣博，忝為老學長，真是自嘆弗如！

落實生活的喜悅自在

平時讀《論語》，喜歡孔子勸誘學生各說心志的那一段。當時曾點的回應是，希望朋友老少能於暮春時節：「浴乎沂，風乎舞雩，詠而歸！」這樣的回答也獲得孔夫子的讚許。而秋芳在「歲寒，然後知松柏之後凋」的「事典」中，有一段很傳神的敘述：「《論語》的價值，本來就是為了讓我們在真實生活中，過得更輕鬆、更自在！」就讓我們散散步，吹吹風，晒晒太陽，經歷一段溫柔有趣的文學旅程。

不久前，臺灣大學前校長孫震先生，以八十八歲高齡寫成了《孔子新傳》一書，從人類發展史上說孔子的高瞻遠矚，希望「大家更認識孔子，並且了解孔子思想在世界發展中的重要地位。」而秋芳這本書則是另外一番光景！秋芳說：「讀通了《論語》，帶著信心，忠於選擇，並且活得心安理得，就能從內心深處，咀嚼生命的喜悅！」

秋芳主持創作坊多年，對生命的種種風景，一定有許多感悟，在疫情籠罩期間，辛苦卻又輕快的完成了這本書，讀來甚是感動。

書中雖然只選了《論語》中的二十章，卻是處處能見智慧，篇篇有新氣象，真是要讀通整部《論語》的「通關心訣」，而且對任何一個年齡的人都是！個人行年已過八十，讀後也感視野大開，心靈充實，當然要真誠、鄭重推薦。

寫於冬風微雨中　二〇二一年十一月十二日午時

自序

《論語》，生活的超級法寶

黃秋芳

知道自己並不寂寞

瘟疫漫天，即使跨國界傾力合作，世界的動盪不安，可能仍會延宕幾年。現世安穩面臨崩裂，剛好讓我們體會到《論語》時空面臨的離亂。透過孔子師生對話的詳實記錄，所有的迷惑、思索和奮鬥，都以感性的「詩」做起點，節制於理性的「禮」，堅持共好，珍惜生活，在「平安喜樂」的願望裡，接生出支天撐地的力量。

前所未有的三級警戒，一次又一次延長時限，難以想像的恐慌，一點一滴掏挖生活的固定秩序。寂寞和失落鋪天蓋地襲來，我在《論語》裡安頓自己，透過專欄寫作，用各種小故事布置出「在家讀《論語》」的小車廂，搭上「停課不停學」的希望列車，陪著專注自學的孩子們，或者是具有親子共學習慣的家庭。從孔子磨難的人生，對照疫情中的生活；也提醒大家，自古至今的生活軌跡，總是不斷重複，我們並不寂寞，重要的是，在困頓中找到出口。

實體課開學後，世界慢慢接回正軌。我們接受了災難是常態，疫苗、口罩、安全距離，以及各種各樣的防護準備，讓我們更懂得珍惜當下，領略日常的快樂。人生的考驗和磨難，就是為了讓我們把滄桑和疼痛，發酵成簡單的詩，以及流盪無盡的餘味。

接下來的日子，讓我們安安靜靜的讀《論語》吧！先了解《論語》成形的時代，再回到此時此地，釐清學習的基礎信念和選擇依據，享受讀書、寫字的快樂。做自己的煉金師，規畫未來，面對困難，珍惜「有點小麻煩，同時也有點小驚喜」的真實人生。

是生活法寶而非說教

在展開《論語》的閱讀旅程之前，記得把大家認為理所當然的「說教」，變成別出心裁的「生活備忘」，學會和自己相處，做好情緒管理，在真實生活裡，活用所有的體會。

我們可以畫一條「人生分期線」，像孔子一樣，以年齡做分界點，想像著不同時期的我們，遇見了誰，又學會了什麼，經歷過那些美好或不美好，卻值得收藏的回憶。這一路上，我們付出，也收穫；交到一些死黨，也失去一些朋友；有一些人，成為傷痛和考驗，也有一些人，即使不在一起了，想起來的時候還是覺得甜美。

我們也可以試著畫出「人生裝備圖」。以自己做起點，找出很棒的配備，像體貼、愛笑、勇敢……再檢查是不是有一些行李「超重」了，像懶惰、忌妒、恐懼……還可以為自己的人生旅行找旅伴，然後和親密的家人朋友，對照分享。

要是能以「開一家公司」的精神，規畫自己的人生，就更有趣了！確立品牌，打造形象；思索生存的基礎、生活的磨練、生命的美感和人生整體的策略。有人懷著「謹而信，汎愛眾，而親仁」的決心，想像著長大成人，勤勤懇懇工作，自信而快樂，成為未來社會的中堅。有人卻著力於「行有餘力，則以學文」，在未來生活的想像中，注入更多新鮮的、文學的創造性，「發明」出嶄新的工作可能，和更多的別人聯結。

微小的我們，張望無邊寬闊的天地時，最重要的是面對困難，禁得起時間的考驗。藉由不斷消失又重現的微光，找到「撐一下！再撐一下就好」的信心和力量，咬緊牙關，拚盡一切，無論成功或失敗，都會蘊釀出新的可能，讓過去經歷過的一切變得更美好。

前往更寬闊的世界

世界變化不斷，未來的起伏更替，我們都無法預料，只能努力備好冒險裝備，前往「更寬闊的世界」。打破偏見，在犯錯中鍛造智慧；讓靈魂翻新、位移，找到人生中重要的堅持；接受曲折起伏的考驗，成就不一樣的自己。

聽過「拿破崙」嗎？這位挽救法國大革命、為現代法國奠定基礎的軍事天才，在統治獨裁與國際侵略時，走向流放末路，直到兩百年後，人們仍然在反覆辯論他的是非功過。他用自己的人生故事做底色，留下了充滿力量的一句話：「光榮的人生，不是屬於永不失敗的人，而是屬於每次跌倒時都能站起來的人。」

孔子不懂軍武，卻用一生的顛沛流離，為大家鍛鍊出比拿破崙更厲害的超級法寶，就是「毋意，毋必，毋固，毋我」的生活彈性：接受過去，翻轉現在，發現未來。整部《論語》都在幫助我們，在跌倒時站起來，在失敗時仰望光榮；在光榮時知道，人生的作業就是無數次的跌倒……然後，再勇敢而從容的站起來。

人生就是這樣，不斷的接受和翻轉，不斷的跌倒再站起來，不斷認真又不能太認真。當我陪著孩子們讀〈德不孤，必有鄰〉時，孩子笑著說：「我是德國，在熱鬧的歐洲裡，到處都是鄰居；我是歐洲國家中鄰居最多的，有九個耶！」「是啊！我是法國。」這邊聲音剛響起，那邊就搶著喊：「我是波蘭」、「我是捷克」、「我是奧地利」……。「我是瑞士啦！永久中立國。」聽著孩子們嘻笑，一連串「我是法國」、「我是盧森堡」、「我是比利時」、「我是荷蘭」跟著冒出來。「德」不孤，有九「鄰」呢！大家都開心起來：「我們生活的世界，好熱鬧喔！」

原來，一起微笑，就是《論語》的生活法寶。在無數新鮮的小縫隙裡發現，無限的世界還可以更寬闊、更有趣。

目錄

卷三 修煉，做自己的煉金師

還不錯的人生 …… 092

弟子入則孝，出則弟，謹而信，汎愛眾，而親仁。行有餘力，則以學文。

讓所有的限制都打破 …… 100

君子不器。

提早規畫，認真面對 …… 108

人無遠慮，必有近憂。

人生解謎 …… 116

吾十有五而志於學，三十而立，四十而不惑，五十而知天命，六十而耳順，七十而從心所欲，不逾矩。

卷四 朋友，成長途中的驚喜

卷五 轉彎，一場又一場奇幻探險

卷一

開卷，平安喜樂的願望

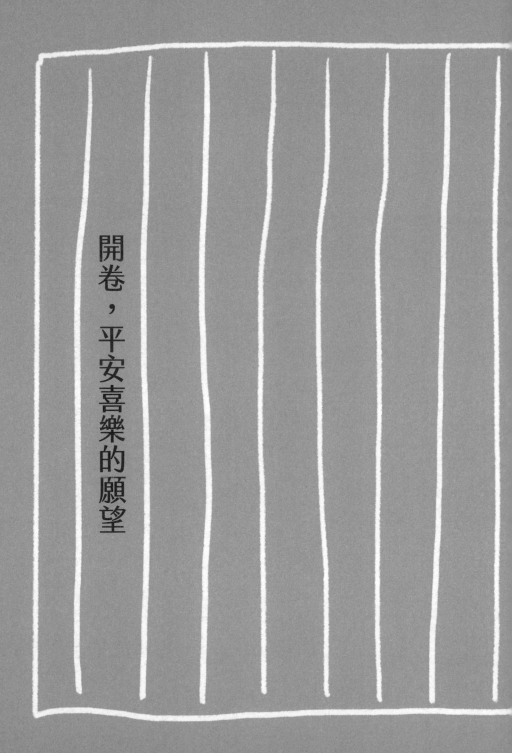

春秋，時間的流動與凝固

孔子快兩千六百歲了！《論語》就是當年他的學生認真記錄的「教學日誌」。

直到現在，我們仍然年年為他盛大慶生、唱歌、跳舞，選擇最聰明的吉祥物「智慧牛」，讓大家拔智慧毛。人們最喜歡拔「牛頭」毛，以為這樣就可以領頭佔先；還有啊，更受歡迎的是「牛耳」毛，這到底是為什麼呢？

原來，在近三千年前，就是《封神》那個神話時代後又過了幾百年，西周滅亡，周平王東遷後，王權沒落，地方勢力崛起。為了維持安定，諸侯間反覆競爭、協議，直到訂立盟約時，由最強大的諸侯主持「歃血為盟」的儀式：先選出聖牛，祭拜天地神靈；接著割下牛耳取血，將血塗在唇上；再將牛耳放在珠盤中，讓與盟者相繼在唇邊沾一點牛耳血，表示「我們說的話，天地神靈都聽見，我們必將承諾守信，天地為證」。

幾千年來，盟主「執牛耳」，不只成為「冠軍」、「第一」的象徵，更重要的是，這種「向天地祈福」的神靈寄託，同時也代表了一種為天下帶來平安喜樂的願望。現代的我們，相互祝福時，常常寫著「平安喜樂」這四個字，別以為這很簡單啊！幸福，從不是理所當然，不知道經歷過多少人一起努力，以及漫長時空的演進和變革，所以，更需要我們好好珍惜。

回想起很久很久以前，原始初民對天地萬物的試探，只能在有限的「知識」基礎上，任著想像力無限開展。對無法解釋的新事物、難以清理的因果變化，以及部落生活中的天災和人禍，全都依附在神鬼靈異的意志，自我安慰，同時也成為統治和團結的穩定力量。

殷商時期這些「天命所歸、不然就會受到天譴神罰」的思想，很容易讓「近神階級」在私慾中慢慢腐朽。周朝記取殷商覆滅的教訓，理解「神」的意志並不可靠，光靠祭祀祈禱，無法保證統治穩定，於是從「天命」轉向「人事」，開始重視人民生活的安定與富足，並且將重要的戰略土地，分封給周室血脈，希望通過這層層分封，建立不可逾越的階級分界，讓家國天下萬年長安。

可惜，天下合久必分、分久必合，所有的「萬年長安」，都只是奢想。安定的日子過久了，王權鬆懈；宗姓諸侯間的親密情感，隨著一代又一代層層分封，各自脫鉤開展。

世界，正在轉型

這有點像一家不斷在各地拓展連鎖分公司的大型品牌，總公司收益不錯，安逸享樂，放鬆了對各地分公司的監管和輔助，這時，問題就產生了。一方面，大家不再依賴總公司，總公司的威權約束消失了；另一方面，得不到挹注的小公司，面臨經營危機時，變得脆弱惶恐，那些資源豐富、管理卓越，並且擁有多元人才的分公司開始擴張，這就形成了諸侯爭霸、百家爭鳴的嶄新時代。

對於平安喜樂的願望，人人都有想法，竭盡所能促成實踐和改善。諸侯衝突變多，階級的界線慢慢消失，孔子就在這個「世界正在轉型」的關鍵時刻，誕生在魯國陬(ㄗㄡ)邑（今中國山東曲阜(ㄈㄨˋ)東南）。魯國是周朝在萬里長征後封給周公的「分公司」，因為周公必須留在朝中輔政，就由大兒子伯禽擔任第一代「CEO」，先武後文，在齊國軍隊支援下，掃蕩叛亂，安定淮北，再用大量的典籍蘊養出無數學人，保留最完整的周禮，成為著名的「禮儀之邦」。

在這衝突紛爭、禮儀不斷崩裂的亂世，渴望「匡正天下」的孔子，詳實整理著國家的史實紀事，旁及同一時代的人事物評論。從魯隱公元年（前七二二）到魯哀公十四年（前四八一），這兩百四十二年的編年史書，以《春秋》為名，寄

寓「春甦萬物萌生，秋熟百物捲藏」的時間流動，同時也把這千年的流動，凝固在文字裡。從此，東周前半段的歷史就叫做「春秋時代」。

春秋，代表平安喜樂

為什麼一定要叫《春秋》，不能是《夏冬》呢？因為啊，原始初民雖已進入種植農藝時代，卻因缺乏水利設備，夏季洪害、冬季冰封，只有春耕秋收才能代表生活的平安喜樂。這樣的時間領略，影響很多文學家在寫作時感嘆：「人生幾度春秋」。「春」代表一年初始，「秋」預言著一年的結束，時間的流動和凝固，以「春秋」為名，反覆吟詠著各自不同的生命故事。

後來，各國諸侯不再滿足於稱霸，開始兼併、混戰。三家分晉時，周王不但不能嚴懲這種臣對君的恐怖「霸凌」，還正式承認趙、魏、韓為諸侯，禮義崩塌，秩序瓦解，國與國間的戰爭更為頻繁，這段歷史，記錄在《戰國策》，宣告「戰國時代」降臨，生活的挑戰也就更加嚴峻。

無論如何都要堅持信念、珍惜生活，這就是《論語》的時空背景。孔子師生的「教學日誌」，無論在教室或戶外教學，甚至是學生的社群討論，大家都以讀「詩」做起點，找出自發的熱情和努力，領略天地萬物變化。繼而從鋪天蓋地的戰亂悲傷中，了解安穩的世界正在崩裂，自己的寂寞不是唯一，所以才會洋溢出這麼強烈的「平安喜樂」的願望，祈祝歲月靜好。

從前從前，有個孤單的孩子

孔子的信念和追尋，在這個世界上無限衍化，像「超能英雄」。他打破貴族壟斷的文化教育，開啟諸子百家先河。生前在國際旅行講學時，就被譽為「天縱之聖」、「天之木鐸（ㄉㄨㄛˊ）」；後世又尊稱他「聖人」、「文聖」、「至聖」、「至聖先師」、「大成至聖先師」、「萬世師表」。甚至連對有學問長者的敬稱「夫子」，也變成他的「專利」，西方語言中的「Confucius」，就是「孔夫子」的語音延伸。

很少人注意到，在最初的時候，他其實也只是個孤單的孩子。想認識這個曾經和我們一樣孤單的孩子，得回到很久很久以前的殷商傳說。開創者商湯據說是「古之聖人」，到了帝乙，雖說是「聖人之後」，卻因連年征伐，國力衰微，還得和西方崛起新勢力聯姻，穩定矛盾。

帝乙年輕時和沒有名分的妾，生下老大微子啟和老二微仲，直到這個母親成為皇后，老三才以「皇后嫡長子」的身分繼位，也就是紂王。大哥微子啟少經磨難，早熟又懂事，總扮演著「黑臉」角色督促三弟，強化國內安全，關注國際形勢，對家國發展憂心忡忡。紂王不耐煩，愈來愈常和哥哥發生衝突，年輕就是氣盛：「我承天而降，成為萬民的天。任何人想撼動我們，都不可能！」

為了和諧，微子啟不得不離開。武王伐紂時，微子啟回到宮廷，袒身縛面，跪行獻上禮器，遠封宋國，立都「商丘」，努力保存摯愛的家國。他的親生兒子和孫子，都必須做為人質留在周朝，宋國國君按「兄終弟及」的宗法，交給二弟微仲，這就是孔子的先祖。

隨著家族分衍的衝突與競爭，孔子的太太太……祖，在內亂避禍中輾轉逃難到魯國，好不容易安定下來。

還沒出生，面對的就是曲折

孔子的父親叔梁紇（ㄏㄜˊ），博學多才，當上鄒邑大夫後，與原配施氏連生九個女兒，為了延續家族，娶妾得子叫孟皮，偏又跛足，根據《周禮》，廢疾沒有承傳家業的資格。為了對家族有所交代，叔梁紇（ㄏㄜˊ）年紀愈大，愈渴望再生一個兒子，七十二歲時，終於鼓起勇氣向顏襄（ㄒㄧㄤ）請求聯姻。

顏襄(ㄒㄧㄤ)有三個女兒，就像臺灣民間傳說《蛇郎君》和西方經典童話《美女與野獸》裡的爸爸一樣，為了摘一朵花，不得不從自己的三個女兒中擇一「獻祭」。從荒土裡開出來的花，在《蛇郎君》和《美女與野獸》裡，代表不同物種的溝通和理解；到了春秋時代，就成為不同階級的跨越和連結。和商朝貴族後裔聯姻，便能促成家族階級向上流動。這讓顏襄(ㄒㄧㄤ)有點動心，但他不敢貿然決定，只能問三個女兒：「叔梁紇(ㄏㄜˊ)能文善武，只是年紀太大了，不知道你們誰能夠嫁給他做妻子？」

和童話故事一樣，大女兒和二女兒都不願意，只有十八歲的小女兒顏徵在，不捨父親失望，終於答應出嫁。因為年齡相差懸殊，於禮不合，怕人說閒話，他們在婚後遷居到荒遠的尼丘山。顏徵在向山神祈禱，很快就生出健康的男孩，為了謝天，孩子命名為「丘」，因為是老二，根據伯仲叔季的傳統排序，字「仲尼」，老大孟皮跟著也字「伯尼」。

看著孩子平安長到三歲，叔梁紇自認為心願已了，安心離去。沒想到他一走，正妻施氏含忿報復，孟皮生母被虐而死。顏徵在帶著兩個孩子遷回娘家附近，親自教養，為免捲入家族衝突，直到離開人世，兒子都十七歲了，也不願意告訴他，父親葬在哪裡。

從小就非常懂事的孔小丘，希望父母合葬，為了打聽亡父葬地，將母親棺殯停於路口，直到老鄰居看不過去，透露叔梁紇墓處，終於將父母合葬於防山。瞧，真實的生命搏鬥，比小說還曲折，真的很適合改編成古裝家鬥戲。悲摧嗎？曲折的人生，就像我們看到的每一個故事，一直走一直走，就能遇見幸福。

翻轉教育，處處突破框架

「吾少也賤，故多能鄙事。」孔子成年後，回顧童年，話說得很輕鬆，傳遞出滿滿的正能量。如果用「名偵探柯南」的精神來推論，他是古代貴族的繼承人，怎麼會輕賤？為什麼還必須在粗鄙的勞動裡掙扎求生？甚至連為父親祭墳都不能？是不是在很久很久以前，有太多的衝突糾紛，悲傷又難堪，像跌了一地的拼圖，需要更多的想像，我們才能一點點、一點點拼出原來的樣貌？

這個背負父親的盼望、母親的堅忍，在艱難中奮力長大的孩子，十九歲擠進魯國貴族圈，做了小官，娶遠祖宋國的亓（ㄑㄧˊ）官氏為妻；二十歲當了爸爸，為了彰顯魯昭公派人送鯉魚表示祝賀的榮寵，為兒子取名孔鯉，字伯魚。孔鯉早逝，留下遺腹子孔伋（ㄐㄧˊ），字子思，纏縛他無限的惆悵和思念。

經歷近十年的國際遊學、從政改革，以及各種充滿挑戰的職場考驗，三十歲開始，他創辦「平民學校」，廣收門徒，有教無類，成為學術下移、私人講學的先驅。更厲害的是，他懂得因材施教，教學相長，弟子三千、賢人七十二、四科十哲，不斷因應社會變動革新教材，最後由學生整理出來的「教學筆記」，系統成篇，叫做《論語》，成為教育連鎖機構的基礎根據。

再也沒有人想像得到，曾經，他只是個孤單的孩子⋯⋯。

生機燦爛的學習旅程

社會富庶以後，孩子們的成長受到周全的照顧，很難體會「匱乏」後的滿足，以及為了填補匱乏所鍛鍊出來的信念和毅力。所以，很多人相信「貧窮是最好的教育」，帶著孩子露營、參與農場體驗，或者送到國外野訓……都是為了提供一種「簡單生活，節制慾望」的學習機會。

然而，衣食無虞的成長環境，還是很難理解「無論如何都要活下來」的養成情境。人們又找到第二個教育妙方：「勞動是最好的教育」，淨灘、淨山、社區服務、安養院木工維修……運用體力勞動和心智勞動，產出成果，改變環境，滿足生活中的需求，得以發揮潛能、想像和創造力，在自我成就中，感受「人與人的連結」和「人與環境的依存」。

這樣看起來，經歷過「少也賤，多能鄙事」的孔子，確實在貧窮和勞動中完成扎實的童年教育，繼而一輩子好學、勤問，在反覆深思中不斷提升自己。

他從管理倉儲、畜牧這些勞作實務，累積經驗，放大視野，不僅關注天下大事，也認真開辦私人學校，刪定《詩》、《書》、《禮》、《樂》，編選教學課本；在殷商「神靈崇拜」轉移到周禮「人本主義」的轉型關鍵，闡釋《周易》的卦爻（ㄧㄠˊ）辭，讓傳統生活得以更新、流傳；並且在動盪不安的亂世中，完成魯國國史《春秋》，詳實記錄了在歷史演變中，生命的信念和堅持。

「述而不作，信而好古」，就是孔子的「學習履歷」。在崩亂的現實中，整理古代典籍、闡述先哲思想，努力延續傳統文化，絕不亂加自己的詮釋和想像。

這樣的身教和言教，繼續影響了他的學生和再傳弟子，大家聯手把孔子一輩子讀萬卷書、行萬里路、歷數危劫、閱人無數的生命故事，像中小學生寫「教室日誌」，或者像大學生為老師的講學寫「逐字稿」，同樣「述而不作，信而好古」的保存下來。

幸好弟子寫下金句筆記流傳

所以，讀《論語》前，我們得先了解，「述而不作」的孔子，沒有「自說自話」的抒情，而是針對「事件」、「議題」的提問和對話。拆解「論」這個字，左邊的「言」，指的是學說和理論；右上的「亼」，是古代的「集」，象「三合」之形，很多人圍聚在一起；底下的「冊」，在甲骨文的原型中，就是造書的過程，等於是一種思想的重組和打磨。「語」這個字，比「言」多出了人和人的對話意味，議論、答辯、互動，形成重疊回應，兩個字組合起來的「論語」，就是**透過對辯，集結出來的秩序**。

這些辯證、分析，有的學生覺得這句話有用，有的又覺得那句話很有道理，每個人都在自己的筆記裡，記錄著特別「有感」的孔子金句。當時沒指定「做筆記值日生」，大家都寫，再相互借閱、參照，慢慢就發現那些天真、熱情的人，事情總是特別多，寫了幾天、幾個句子，就隨著忙忙碌碌的生活轉彎；有一些安靜、認真的學生，也許寫得很慢、很少，但是，持續寫下來就形成簡潔、深邃的累積，很快就有人來借筆記，抄著抄著，慢慢就出現流通的共同版本。

因為沒有特定編輯，《論語》定稿時，也許會偏向某一種文字風格，但並不是統一的全貌，有時也會出現瘋狂、有趣的樣態。譬如有些頑皮的學生，覺得老師罵人特別好玩，便記下老師說「女子與小人難養」，與同學被罵「白天睡覺像朽木、又像糞土做的牆」的情景，把教室氣氛記錄得淘氣熱鬧，彷彿一齣青春校園偶像劇。就是有這麼多不同角度的觀看，以及因應個性差異形成的不同領略，讓《論語》充滿了人性的溫度。

師生相處的點點滴滴

「教室日誌」中的其中一篇就記載，有一天，急公好義的子路，遇到想出口氣的大事，急著來問老師：「我要不要趕快去處理？」

「爸爸和哥哥還在，應該先問問他們！」孔子話沒說完，他就衝了出去。這時，慢吞吞的冉(ㄖㄢˇ)有進教室了，遲疑的問：「我遇到很可惡的事，要繼續忍耐嗎？還是，我得挺身而出？」

「當然！快去做，生命總要做點什麼才值得繼續。」這一說，一直在旁陪伴的公西華就不懂了。孔子特別解釋：「冉(ㄖㄢˇ)求天性穩重，要鼓勵他勇於實行；子路好勝，要壓著他學會退讓，才不會因為熱情急躁誤事。我希望，每一個孩子在未來，都不必成為我的影子，各自都能成就不同的努力和嚮往。」

這些學生，圍繞在他身邊，閒暇時自由「言志」。勇猛的子路第一個跳出來：「中等國家，夾在大國間飽受軍事威脅，百姓連年飢餓，我可以在三年間，讓百姓勇於作戰、安於禮制。」

「我啊！只能管好小國。」多才多藝的冉（ㄖㄢˇ）有笑著說：「三年內，我可以使百姓豐衣足食；若要進一步的禮樂教化，還得物色更好的賢人。」

「我想做個小司儀，讓人人安於所在。」公西華很謙虛，生活也過得很簡單。孔子派他出使齊國，他擔心家中老母親沒糧食，還是靠冉（ㄖㄢˇ）有居中幫忙。這些年輕的學生對世界充滿想像和熱情，熟年的曾皙只淡淡的說：「我想在春天即將消失前，和朋友一起泡泡水、吹吹風，一路唱歌回家。」

這也是孔子秘密藏在心底的願望呢！孔子與學生生機燦爛的對話，是不是很有趣？這些就是收錄在《論語》裡的一場又一場珍貴的學習旅程。

讀書、寫字的快樂

讀書、寫字，本來是一種自由自在的生活方式。有時候沉浸在「喜歡讀」的書，心情愉快，理解更多的人，領悟許多人生困惑；有時候透過「應該讀」的書，吸收知識、擴張想像，感受自己的見識和格局跟著不斷拓展。

只可惜，很多讀書的樂趣，在考試壓力、威權印象和學習偏見中，慢慢被扭曲。《大學》、《中庸》、《論語》、《孟子》四書，以及《詩經》、《尚書》、《禮記》、《易經》、《春秋》五種關於核心素養的典範，都是歷代最優秀的學術團隊，從千萬書海中整理出來的精華，像簡單的「生命旅程說明書」，方便大家粹選出最適合自己的生命信念；沒想到，幾千年後，反而變成大部分讀書人的「緊箍咒」，各種對立、反彈的潛意識，讓大家一打開這些書就頭痛。

想要治療「看到四書、五經就頭痛」這種病，還是得先回到「春秋時代」的時空背景，先啟動「同情」鈕，感受一個又一個小國，像疊疊樂，堆到最後快要崩塌下來了（這樣的場景，如果做成虛擬實境，一定很酷！）再跳過孔子的偉大成就，純粹「同理」一下，單親媽媽帶著兩個小小孩逃離沒落豪門的迫害和限制，要如何努力生存下來？

這些掙扎和奮鬥，在「成長的艱難」和「成熟的喜悅」中，交會撞擊，形成生機燦爛的祝福，讓我們跟著領略不同的人生旅程和多層次的學習滋養，最後才能平心靜氣的翻開

《論語》，做全面檢視。

學習的起點，要快樂喔

《論語》全書共二十篇、四百九十二章，以〈學而〉篇做學習起點，篇名取自開頭，第一章就清楚揭示：「學而時習之，不亦說（ㄩㄝˋ）乎？」

很多人習慣這樣解釋：「讀書要常常複習，就會覺得很快樂。」真的是這樣嗎？昨天讀的書，今天再複習，很快樂嗎？今天讀的書，明天再複習，可以得到什麼樣的快樂？已經讀過的書，還要一直讀、一直複習，真的可以找到快樂？還是，「學而時習之」的「時」，不僅是「時時反覆」的意思，也許還藏著一些等著我們「找出來」的涵義？

想一想啊，孔子和學生們繞著學習、生活、禮制、政治、經濟、軍事，無止盡嘗試著各種嶄新的生活和想法，隨著討論與整理，一篇又一篇藏著青春活力的「名言金句」，像新葉般不斷冒出嫩芽。從〈學而〉篇開始，最後收束在〈堯曰〉篇，以古代聖賢為鏡子，提醒大家服務奉獻，最後一章：「不知命，無以為君子也。不知禮，無以立也。不知言，無以知人也。」又從終點兜回起點，對過去每個瞬間，深入咀嚼、領略，讓我們學會珍惜自己，在每天一早打開眼睛時，從心底湧現出活力：「哇！又是美好的一天。」

「學而時習之，不亦說乎？」的「說」，就充滿了這種青春、燦爛的「喜悅」。還記得，小時候背「白日依山盡，黃河入海流」時，總以為整首詩的「主角」，就是活力十足的太陽！隨著歲月的累積，我們關注的世界愈來愈大，有一天，看見「白日」被尖峭、陡起的山勢遮住，這時才驚覺：斜日西落時，滿天黃雲、紅霞，為什麼詩人不寫「黃」日依山盡、也不寫「紅」日依山盡，偏偏是「白」日依山盡呢？就在這個「關鍵時刻」，忽然明白了，這首詩的重點，不是為了描寫太陽，而是在凸顯山勢的險峻。這種和「偶然」擦撞出來的靈光，成為生命經驗的加分，讓我們覺得世界就在身邊，自然流了過去，彷彿天地之間的一切，所有事物的存在，是為了「此時此地」的相遇。

感受知識與我們擦出火花的喜悅

「學而時習之」的「說（ㄩㄝˋ）」，就是這種渴望和大家分享的喜悅。在某個特殊時刻，接收到生命直覺，突然理解了人生方向的轉彎，而後用一個又一個生活小鏡頭，聚焦在讀書和生活的基本信念，隨著學習、思索、累積，無止境推翻成見，感受到自己不受侷限的轉變，這就是最快樂的事。

不需要別人肯定，不需要任何附加的評價，這是知識的加法，也是人生的減法。在最輕鬆、自在的瞬間，了解「活在這裡」是值得的！這個「時」字，就在生命的不同階段揭露了人生的境界，我們的學習，都會經過人生經驗的相加相乘，或者是遞減與重整。

我們認識的人變多，思考的角度愈來愈多元，所有喜歡和不喜歡的事，不斷豐富了我們。有一些字、有一些書，以及更多的哀喜起伏，對我們的意義也改變了。讀書的意義，開始在生命裡鑿出窗口，引進光色，讓我們在最困頓時重返「初心」，過去所讀的書、所相信的價值，以及我們珍惜的那些力量，會在「關鍵瞬間」撐持著我們，慢慢走過去。

這就是讀書、寫字的快樂。打開《論語》，從「學而時習之」的「時」開始，「時常反覆」的檢視，剛剛好的「適時領略」，「關鍵時刻的支撐」……先釐清自己的領略和判斷；接著在不同的人生階段感受成長和改變；最後，也是最重要的，在遇到難題和考驗時，相信自己的信念，安安靜靜的，選擇、堅持、走過低谷。日子還在繼續，我們仍然好好活著，也會一直活得好好的。

楚
吳
燕
齊
越
秦
ON

卷二

學習，最美的祝福

學習旅程小叮嚀

話說

子曰：「學而時習之，不亦說乎？有朋自遠方來，不亦樂乎？人不知而不慍，不亦君子乎？」

❶**子**：中國古代對有地位、有學問男子的尊稱。《論語》書中「子曰」的子，都是指孔子。

❷**說**：「悅」的古體字，指心情愉快。

❸**朋**：上古時期，朋和友有所區別，同門為「朋」，同志為「友」；意指志同道合的人。

❹**樂**：樂，形見於外；與藏在內心的「說」有所區別。

❺**人不知**：別人不了解自己。

❻**慍**：生氣。

❼**君子**：以前的人認為，君王或領導人是「君子」，被領導的一般平民是「小人」。君子的決策會影響小人大眾的生活，所以，只有學養、品行俱佳的君子，才能保障部族生存，後來就用來代表有智慧、有修養，才德出眾的人。

語意

人生是一所超大的學校，剛開始「學」，像交了新朋友；經過「習」的反覆驗證，才鞏固成好朋友，真正從心裡湧出喜悅。

但是，不斷分享、擴張的快樂，還是得依賴人和人之間的激盪。能夠接待志同道合的朋友，打破平淡，相互學習，又比知識這種「心靈的朋友」，顯得更歡樂啊！

當我們都長大了，面對社會的評價，更要懂得珍惜自己、尊重別人，永遠保持陽光、正向，不要因為意見不同而耗損自己。

事典

《論語》第一篇〈學而〉，篇名就從第一章開頭兩個字延伸得來。「學而時習之」，談我們面對自己的態度。「說（ㄩㄝˋ）」是**自發**的喜悅和熱情，孕養生命種子的起點。「有朋自遠方來」，是人和人的關係，「樂」是**互動**的歡會，生命枝椏的擴張。「人不知而不慍」，則是對整個大環境的理解和寬容：生命有很多堅持，親子、友朋、愛情、家國，以及每一個曾經糾結纏繞過的理想，最後都不一定會得到回應，只是在選擇、追尋、堅持的過程，我們珍惜過、美麗過，也在每一個安安靜靜的瞬間，記得所有的花開花謝，回到初心，最後能夠**共好**，就是還算不錯的人生。

「學而時習之，有朋自遠方來，人不知而不慍」，是平民教育剛剛萌芽時的學習信念，期盼每一個人都可以擁抱喜悅、歡樂，在彼此禮讓中相互珍惜。幾千年後，經過漫長時空的實驗、改革，還是致力於提升核心素養，整合態度、知識、能力，自信又自在的適應未來。

學而篇，開學小叮嚀

結合弟子三千、賢人七十二、四科十哲的集體智慧，歷經兩三代反覆修潤出來的孔子學校「教學筆記」，決定以「學而時習之，不亦說乎？有朋自遠方來，不亦樂乎？人不知而不慍，不亦君子乎？」做「開學小叮嚀」，可見，這一章有多重要！

在最重要的第一篇第一章中，最重要的就是「時」。我們停留在「時」這個字，多一點感覺，多一點想像，感受每個字都像符咒，推展出自己的力量，從一段時間，累積成一切事物不斷發展、變化所經歷的過程，再變成值得等待的機會，最後萃取出一個剛剛好的瞬間，讓我們「破繭而出」。

就像英國名導丹尼．鮑伊改編自美國登山家自傳的電影《127小時》。從小到大，讀書、打球、攀岩、登頂……樣樣拔尖的超級學霸，在攀登大峽谷時，被急掉下來的隕石壓住右手，困在山崖動彈不得。那顆隕石，經過幾萬年的成住壞空，穿越無限天空，剛好在那個瞬間掉下，停住，像生命突然按下「Stop」鍵。主角停在那裡，在那個瞬間，跟人生的「Replay」相遇，喝盡最後一滴水，用一把袖珍小折刀切斷右手，在大失血後可能造成的昏迷、脫水前，他爬出夾縫，徒步前行，直到一百二十七小時後得到救援，終於得有機會，展開不一樣的人生。

這當然是一個非常極端、可能還有點誇張的故事。不過，真實的人生，常常比小說還曲折，只要我們認真領略每一天的學習和生活，這個「時」字，就是在知識的理性基礎匯入更多生命的感性整理，在剛剛好的時刻，接受這世間無止盡的「相遇」：人和人，危險和機會，考驗和祝福……最後在遇到難題和考驗的「關鍵時刻」，匯集一生的學習和領略，走過低谷，一直活得好好的。

不因落空而耗損自己

因為這個意義豐富的「時」，我們才能看見各種「相遇」後的改變和選擇。世界上，沒有人可以是一座孤島，「沒人知道的快樂」，到最後常常通向寂寞，所以，我們無止境的等待與別人相遇，渴望與別人交流。任何一個「有朋自遠方來」的機會，都會帶來希望，讓我們快樂，但是，每一個「希望」，相對也帶著「破碎」的風險。「人不知而不慍」，充分顯現了經歷長期的等待，當所有的希望、期待、夢想、努力落空時，我們第一個最自然、最直接的排解方法，就是「抱怨」和「生氣」。

恐怖的是，抱怨和生氣常常是圓滿崩裂的開始。只有在「關鍵瞬間」忍住，學會不抱怨、不辯解，更不怨天尤人，生命才有機會，找到平復和救贖。

「人不知而不慍」，成為最簡單的「Stop」鍵！當我們面對自己，「學而時習之」，一次又一次的嶄新領略，讓人生有了豢（ㄏㄨㄢˋ）養夢想的開始，「不亦說（ㄩㄝˋ）乎？」成為個人減法的輕鬆和歡愉。「有朋自遠方來」帶來的「不亦樂乎」，是團隊加法的撞擊和熱鬧，在破裂時讓我們不得不面對考驗。無論是減法的舒心還是加法的歡樂，我們讀了那麼多書，總希望別人能了解我們；交了那麼多的朋友，總希望別人能肯定我們，這麼多的「希望」累積在一起，夢想幻滅，期待落空，也都成了「人生的必然」。

隨著不斷反省，掙脫外在的評價和限制，找到自己平衡與圓滿的方向，不就是還不錯的人生嗎？

輕裝備！打包閱讀與思考

話說

子曰：「學而不思則罔❶，思而不學則殆❷。」

❶罔：欺騙、蒙蔽。

❷殆：危險、不安。

語意

只懂得閱讀而不思考，容易迷失在龐雜資訊裡，無法鑑別吸收。光是空想而不閱讀，無論是自以為是或疑惑難解，都像沒有方向的趕路人，愈想就愈深陷於困境。

事典

喜歡閱讀，會發現很多有趣的事！伸出手，扳著五個手指頭，像玩遊戲般，用「五百年」做計算單位，我們就可以來一場時空旅行。

西元前五世紀，孔子的時代，西方古典時期的希臘、羅馬，充滿繽紛色彩。沒多久，西方教育先驅由蘇格拉底接棒，許許多多開創時代的偉人，不斷在拓寬原始初民的視野。西元前後，基督教文明崛起，東方紀年約略從西漢走向東漢，然後形成熱鬧的三國。從五世紀到十五世紀的「中世紀」，城市衰微、戰爭遷移、伊斯蘭崛起，基督教和伊斯蘭文明不斷衝突，彼此滲透，歐洲軍事競爭從舊戰爭轉型到新戰爭……整個歐洲依藉於宗教腐敗而陷入黑暗年代。

整整一千年後，持續兩三百年的「文藝復興」，從文明內在裂解神權，「人」重新成為萬物的尺度。「大航海」的冒險和試探，打破疆界侷限，重塑無限可能。這場「文明接力」，交給下一棒接手的是「啟蒙運動」，透過科學、藝術和理性知識，打開蒙昧無知，將人類意識從無知的神靈教條中釋放出來，檢驗傳統社會習俗和政治體制，努力解決各種困境，促成自由、平等、人道與寬容的嶄新世界觀，為歷史在思潮、知識和媒體上，開展出現代化的轉型和發展。

邊學邊思考，超級重要

被尊為「法蘭西思想之父」的伏爾泰，從三歲開始，背誦文學經典，十二歲寫詩，與朋友聯手精算政府發行的獎券，找出漏洞，借款買進所有獎券，財政大臣下令停止支付獎金，狀告他們詐欺，有趣的是，最後國家還輸掉了這場官司。伏爾泰精通多國語言，喜歡對王室及天主教會進行辛辣諷刺，多次入獄、流亡，不僅在哲學上卓越有成，更在行動上批判教會神權、主張言論自由、反對君主制度、捍衛公民權利、尋求司法公正、支持社會改革……他的著作和思想，對法國大革命和美國獨立，形成重大影響。

「我並不同意你的觀點，但我誓死捍衛你說話的權利。」

這是伏爾泰最動人的生命信念！但是，這巍峨的思想燈塔，卻是在顛沛流離中，一點一點的匯聚起的微光，一如他對自己的檢視：「只讀書而不加思考，就會自以為知道得很多；直到開始思考後，才發現自己知道得很少。」

發現自己知道得很少，是超級重要的「修煉」！伏爾泰透過發表、對話、討論，努力在廣闊的世界裡，區別差異、靠近共識，把天生的「聰明」，鍛造成讓人尊敬的「智慧」，過著自在又自信的一生。這種扎實的學習歷程，就像孔子學校的基本功夫，一邊學習、一邊思考：「學而不思則罔（ㄨㄤˇ），思而不學則殆（ㄉㄞˋ）。」

我們看「罔（ㄨㄤˇ）」這個字，大邊框裡藏著細細的編線，好像

071　學習，最美的祝福

從無限大的天地間，罩下一個知識的網。我們在不知不覺中被過去的學習網住，因為熟悉，慢慢發展出權威和自信，透過「網眼」看「格式化」的世界，以為這就是真實的人生。再把「殆（ㄉㄞˋ）」這個字拆成「歹」和「台」兩個字元後仔細研究，「台」是又高又平的建築體，「歹」在甲骨文字形裡是有裂縫的殘骨，高臺上的裂骨，顫顫巍巍，四地危機，多像極短篇故事呢！讓人跟著都緊張起來。

閱讀與思考，就是這麼緊張刺激的歷險。當我們在認真學習「知識」時，不知不覺被有限的世界網住，只有對照「經驗」，注入「想像」，才有可能透過思考，掙脫無止無境的陷阱，通往無限天地。但是，如果我們過於依賴自己的生活經驗，缺少外在活水的刺激與更新，糾纏在「過去的知識」、「既有的經驗」和「有限的想像」，慢慢的，也就失去了創造未來的可能。

「閱讀」與「思考」，就像在生命跋涉中的輕裝備。「閱讀」指出方向，明亮的呈現寬闊的希望，幫我們打開四地覆蓋的網，擴大對世界的理解。再藉由「思考」的反覆搜尋、嘗試、修潤，帶我們脫離危險的高臺，把每一個探索經驗，當做學習基礎，在不斷行進中，和更多人一起想像出更不一樣的和諧與美好。一輩子相信夢想，不斷把翻新的經驗和修改注入行動，永遠在探索和實踐中開闢新路，靠近我們相信的幸福，這就是世界上最自由、最生機燦爛的學習旅程。

一生的學習課綱

話說

子曰：「志❶於道❷、據❸於德❹、依❺於仁❻、游❼於藝❽。」

❶志：確立人生目標。
❷道：思想、信念。
❸據：做事的準則根據。
❹德：為人必須共同遵循的規範。
❺依：足以依循的態度信念。
❻仁：寬厚善良。
❼游：尋求內心的歡喜和豐富。
❽藝：才能、技藝。古時習慣以禮、樂、射、御、書、數為「六藝」。

語意

確立生命目標，擁有高遠的理想，才有奮鬥的動機；以道德為根據，有所為有所不為；以誠待人、接物，常懷仁愛之心；培養人文素養，滿足內心的豐富。

事典

近三千年前，開時代先風的孔子學校，沒有圍牆，也沒有固定的上課地點，算是當時最知名的「名牌私校」，入學資格檢定卻非常寬鬆。年滿十五歲，服裝儀容整齊，學習心態端正，帶著「閱讀」和「思考」的輕裝備，根據家庭狀況，帶點肉乾薄禮繳「浮動學費」，就算弟子「進門」了。

現代教育，習慣依據不同年代的「課程綱要」，編訂教科書，設計學校課程、教學與考試制度，提出各種發展理念和願景。但是，原本充滿理想的多元想像，卻在考試的侷限下變質，藏在各種「課綱」裡的學習熱情，無論是國教課綱或中高等教育課綱，很快都變成恐怖的壓力魔咒。

這份課綱，適用一輩子

原始初民的教育課綱，沒有各階段學制的嚴格分期，無須考試，不必分級研擬，因為富涵彈性，學習課綱的「適用期」拉得很長。所以，孔子學校結合生命的美感和人生的價值，訂定了非常「自由意志」的興學目標：「志於道、據於德、依於仁、游於藝」。這是一種人生的追尋方向，也是整本《論語》的核心思想，像飽藏著靈能的生命水，澆灌著一顆又一顆學習的種子。學生繞著老師，聽講、提問、釋疑，對生存的環境提出期盼、失落和檢視，同學間相互討論、分享、對辯。人到哪裡，哪裡就開出一朵又一朵學習的小花，處處繽紛。

用種花來解說，「志」就是在非常精確的一個點，埋入初生種子，這是一生相信的信念；「據」就是提供有效的滋養，孕育出一個足以安心生長的面；「依」是在游移的方向中，拉出延續的線，抽枝、散葉、開花、結果，提供感受天地間的聯繫和成全；「游」則是結果後迸現的複生種子，在生命的翻轉和變動中，自由飄飛，開展出更多的可能。

「志於道」，是一種信念的堅持，並不要求每個人走在同一條路，要不然，這條路也太擠了，但是，找出方向和方法，有時還可以看見很多並肩奮鬥往同樣方向前進的夥伴，不但心靈得到自由，孤寂和失落同時也會得到撫慰。「據於德」就是確實可循的原則，在飄搖動盪的亂世重建秩序，在已然選擇的定點堅守信念，經營出各自不同的風景。

直到遇見問題，我們在十字路口面對選擇，不知道這條路對還是錯，只能「依於仁」，知道自己再也不是一個人，而是得考慮群體，承擔起最大多數人的幸福，守住底線，降低矛盾，找到新的解決方法。最後在「游於藝」的全方位學習中，領略「不一定實用」的遊戲熱情，舒解壓力、享受樂趣，讓身心靈得以平衡。

給每個人一份「人生問卷」

當然，每一個人的人生信念不太一樣，所以會各自找到不同的追尋方向。比如說，曹操「志於天下」，從「據於青州」起兵，官渡大戰後「依於北方」，而後領著十萬大軍南下時「游於歌吟」，在出征前夜寫出深沉的〈短歌行〉，刻繪人生的滄桑和痛楚，脫離功利現實，紓解生命綑縛，無論勝負，都可以為一生的渴望和奮鬥尋求安頓。

劉備也是「志於天下」，只是他沒有青州根據地，只能「據於德」、「依於仁」，靠著文武幕僚，經略蜀地，我們看不見他真正脫離現實限制的超脫，可以說「無所游」。

年輕的孫權應該是「志於父兄之業、據於東吳、依於權謀」吧？只可惜，「游於生殺逸樂」的晚年，並沒有真正找到生命的安定和美好。

我們還可以用「志於□、據於□、依於□、游於□」做一個問卷、寫一篇作文，或者用來設計一場有趣的宴會遊戲，在「游於藝」中，檢視自己的「道」，同時也深入了解身邊的家人和朋友。

剛開始，也許有人會志於上好大學、志於買大房子，也有人志於溫暖、志於向有光的地方走去……每一個人在檢視人生追尋時，慢慢會發現，「生命信念」和「現實成就」不太一樣，在很多糾纏的閱讀和思考中，慢慢認識自己、認識別人、認識世界，找到自己相信的信念、依循的方向，並且在關鍵轉彎時，懂得堅守底線，最後安定在平衡、安樂的軌跡上，這就是我們一生的學習課綱。

翩翩飛翔

話說

子曰：「興❶於詩、立❷於禮、成❸於樂。」

❶興：起，人性理解的基礎。

❷立：確立，社會群體的規範。

❸成：人事、天地的相互成全和影響。

語意

詩裡藏著深情，靠近人性，讓我們學會情感的理解和調節；而後循著道德規範，形塑社會秩序；最後在和天地合拍的樂音中，共享美好，相互成全。

事典

孔子雖然是開天闢地以來第一個超大型平民學校的CEO，但是，他不曾在學校創建之前就規畫課程、招生、考勤、成績、學制……更不像現代的我們，循著開學典禮、教案規畫、結業典禮，經歷一段又一段不同的學習驛站。他只在確立「志於道、據於德、依於仁、游於藝」的學習課綱後，根據人性本質，提供三種必修課程，反覆校訂課本，讓青春任性的情緒起伏，浸潤在《詩經》的精神修養；再依據理性規範的《禮記》，為撐持社會的青壯力量做準備；最後以圓滿交流的音樂，來見證人性的成長與成熟。這就是孔子學校的基本學分。

「詩、禮、樂」是浪漫的教養

「興於詩」，就是透過最基礎的共同科目，讓大家活在詩的世界裡，感受精緻，卻不提供標準答案，鼓勵大家自由發想。

我們聽到的詩，也許不知道真正的意思在講什麼，但正因為沒有「定論」，更能帶出一點點引誘，一些些感性的期盼和分歧，讓我們生出很多想像，看到更多元的可能，讓放肆縱恣的情感，和更多我們原來並不確實了解的世界，連結起來，發現世界上有很多種人、很多種答案，並不一定要找到唯一的標準。在詩裡，情感的放肆和共鳴，以一種感性的自由脫離現實的功利，在溫暖、快樂中找到生命出口。詩的訓練，就是生命教育的訓練，讓我們一面感受情緒的釋放，一面學習調整自我的平衡。

接著，為了讓大家珍惜感性的自由，接受「立於禮」的理性規範，調和過度的情緒賁張，把本能約束在合理的節制中，把「喜歡做」的事納入「應該做」的規範，期望讓大部分的人學會尊重。

只是，這種不能逾越的「邊線」，很容易造成生活的緊張，這時，我們就需要透過音樂，忘記身分的差異。當我們唱著同一首歌，音樂震動了這些人的情弦，也撥響了那些人的心聲，彼此的差異也就慢慢縮小。如果說，詩是演繹和放縱，禮是收納和約束，樂就成為溝通和平衡，讓大家放下距離、侷限。在古代，我們會說這叫「大同世界」，現代人就說是「仿如仙境」。就好像我們一起去聽一場很動人的古典音樂會，在那個寧靜的世界裡，彷彿脫離現實，聲音挑起我們各自的記憶，這些記憶又交流在一起，好像有一些說不出來的缺憾，都在那個神奇的「魔幻瞬間」相互圓滿，最後再從應該做的事裡找到熱情，在圓滿的交流中共有、快樂，慢慢又轉向喜歡做的事，這就是「成於樂」的深沉意義。

在我們還不太能夠自我管理的「毛毛蟲」階段，讀詩，讓情緒找到共鳴，跟著強烈的情感共振、自由蠕動。等聚攏了足夠豐沛的探索滋養，終於學會自我管理、自我約束，直到「結繭」；而後當我們在艱難掙扎破繭而出時，就能「化蝶」翱遊，翩翩飛翔。

教我們聽人間各種聲音

多美啊！這就是自由又浪漫的孔子學校。我們可以在整部《論語》裡，看到各種關於詩、禮、樂的討論和吟詠。這些柔軟的課程，隨著泡泡水、吹吹風、唱唱歌的「盍各言爾志」，打破年齡限制，混齡教學。大的帶小的，舊的帶新的，老的照顧小的，小的尊敬大的。不需要窄窄的教室，也沒有嚴謹的教學計畫，只流動在大自然裡，情緒自由表露，行為合理規範，大家一起快樂的「多識花鳥草木」，讓每個人有餘力可以做更多的事情，形成一種內建的生命美感，一次又一次讓感性的美麗和理性的秩序，在天地和諧中相遇。

隨著年齡增長，我們愈來就愈能理解，喜歡做的事，大半跟自己相關；跟大多數的人相關的事，多半是應該做的事。在人生剛剛摸索的稚嫩時刻，我們像毛毛蟲「自發」蜷行，只做自己喜歡做的事，如詩澎湃；隨著認識更多人、適應社會「互動」，自己的位置慢慢縮小、結繭；直到在無止盡的細縛中破繭而出，聽見人間各種聲音，高音部明亮的唱出主旋律，再藉由低音部的反覆和音、修潤、映襯，形成共鳴，讓更多人想像出更不一樣的和諧和美好。

當我們翩翩飛翔時，看見個人和團體「共好」的無限可能，才讓學習成為最美的祝福。

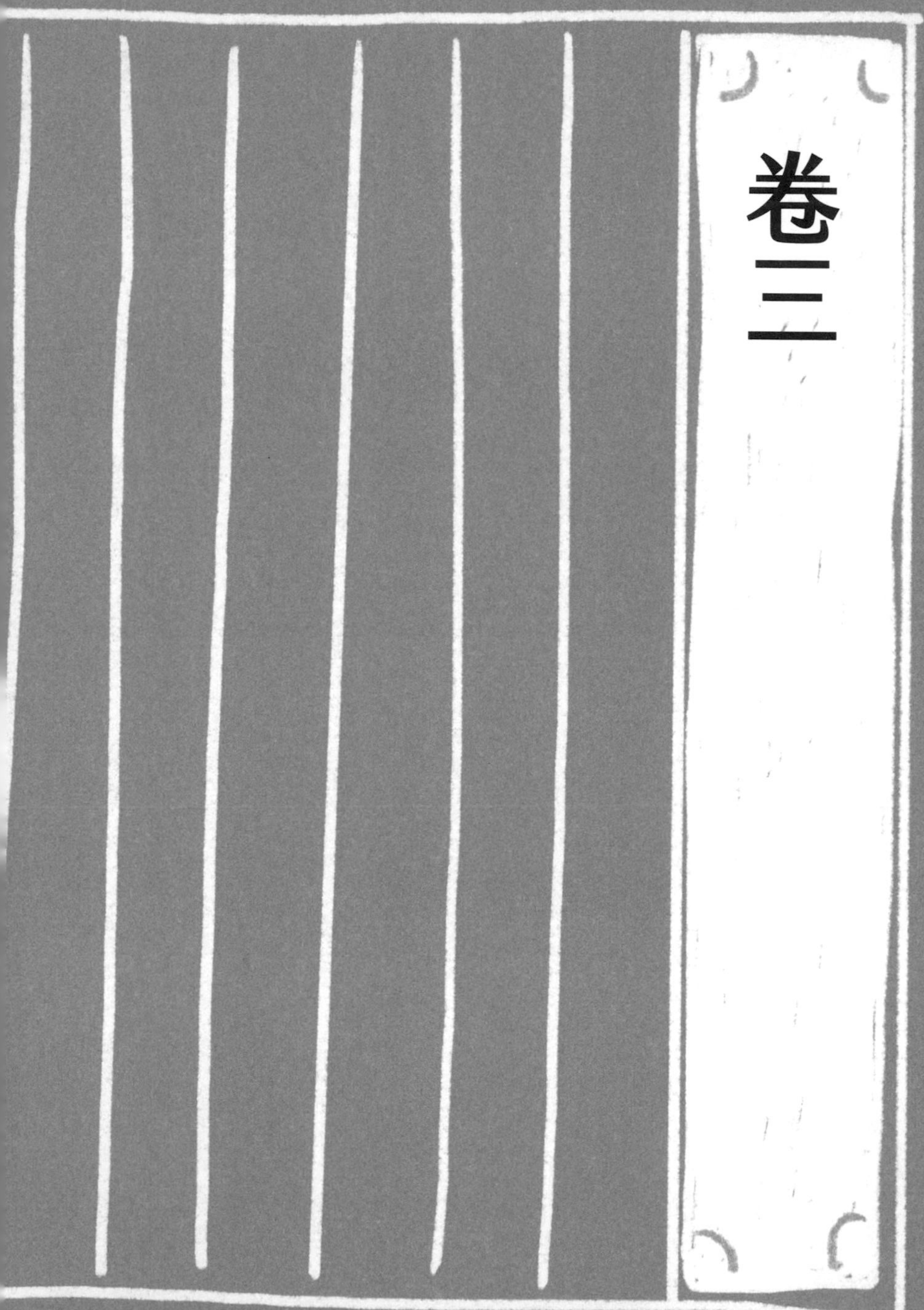
卷三

修煉，做自己的煉金師

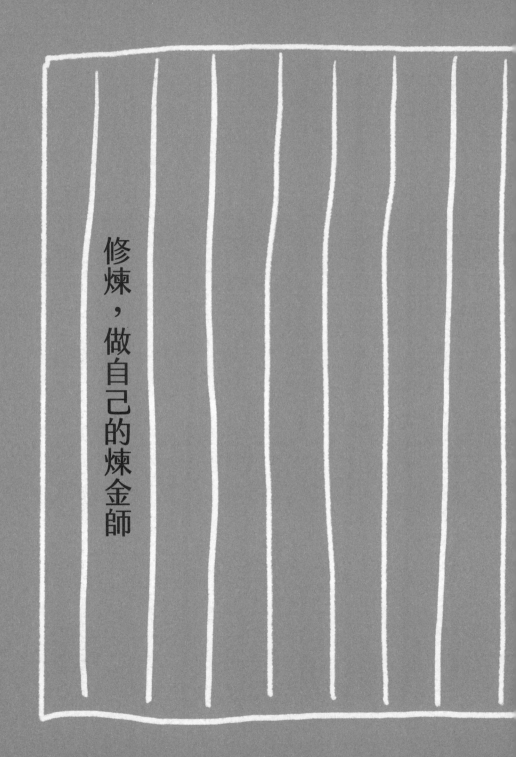

還不錯的人生

話說

子曰：「弟子❶入則孝，出則弟❷，
謹❸而信，汎❹愛眾，而親仁。
行有餘力，則以學文。」

❶弟子：晚輩、學生，或年紀相對比較小的人。
❷弟：同「悌」，敬重兄長，友愛兄弟，一種對親緣、秩序、禮儀的真心講究。
❸謹：慎重、小心。
❹汎：廣泛。

語意

身為子弟晚輩，最基本的原則就是，在家孝敬父母，出外恭敬長輩；做事謹慎小心，說話言而有信，除此之外，更要懂得博愛眾人、親近仁德；盡了這些本分以後，再努力學習文化知識。

事典

選編《論語》時，我們努力選出二十章，只佔「全文二十篇、四百九十二章」中的百分之四，卻渴望掏選出生存的基礎、生活的磨練、生命的美感，以及人生整體的領略，等於在海洋盡頭打撈世界最珍貴的寶物。看起來像「不可能的任務」，但是，別忘了最偉大的航海王在臨刑前指著大海：

「想要我的財寶嗎？想要的話，全部給你，去找吧！我把所有的財寶都放在那裡了。」

當我們決定奔向「偉大的航道」時，一個追求自由、無限選擇的世界，就在我們眼前無限延伸，做自己的煉金師，從基本的人倫親緣開始，就是我們即將出航的準備。

修煉就從人倫開始

先來看孝的古字「」，象形，有一個彎腰駝背的老人，頭髮長了、白了，原來應該得撐著拐杖的位置，卻出現一個小孩，在「想像的縫隙」裡留下很多互動的可能。必須代替拐杖的孩子，與不得不依賴攙扶的老人之間，可能會爭執、拉踞，也可能碰撞出很多衝突，但也醞釀出相互了解、

依存的機會，熟年的智慧和青春的活力交會在一起，創造更好的可能。「入則孝」的人際聯繫，就在熱絡的互動中，閃現出活得更好的光亮。

人文世界本來就需要嚴謹的規範，一點一滴建構出清楚的邊界。因為「入」，打破邊界，留下互動縫隙，讓我們在穿梭中相互理解、靠近，愈親密愈能彼此寬容，這才是真正的自由。

「出」就不一樣了。當我們踏出私密的家，公共空間最強調的就是尊重和秩序。弟的古字「」，畫的就是一個木樁。木樁必須依序往上一步步踏上去，如果沒有順序，前行的可能性就瓦解了。幸好因為「出則弟(ㄊㄧˋ)」的規範和秩序，建立安全邊界，才能使「入則孝」充滿親密和依存。有緊

綳，有放鬆，有尊重的拉開，也有親密的靠近，這才是維繫幸福的關鍵。

從私密的家庭生活開始，學習建立信任的基礎。做任何事都必須用心，這是「謹」。用心經過檢驗，才能產生力量，一次又一次，累積出「信任存摺」。沒有人與人之間的「信」，「謹」的意義就消失了。

只有確立了「信任存摺」，我們才有能力擴張生命版圖，「汎愛眾」的「愛」，就是對生命的界定和追尋。就像「謹」的檢查標準是「信」，「汎愛眾」也需要一個「品管」標準，就是「親仁」，一種從「出則弟」以後不斷延伸、擴張的道德和秩序。當愛失控了，心中不同的情感在互相拉扯時，「仁」的檢視，可以讓我們為更多人著想，為更長期的利益著想，為更大的團體的存在著想。

當我們盡了人情義理的本分，就可以努力揣想，生命中更重要的學習是什麼？如何透過閱讀和思考的累積，推翻蒙昧，為簡單的人生準備更豐沛的行裝，奔向無限選擇的汪洋？認識航海王，拓寬視野，拉開時空距離，就是「學文」後撞擊出來的強大力量。

「文」，是文獻知識，也是華彩妝飾；是我們嚮往的「更美麗的未來」，也是我們始終無法鬆手的「一輩子的學習」。「行有餘力」，就是匯集生活的情意和閱讀的智慧，重新為平凡的生活賦予文學的想像和進一步的推論，這時再重讀「弟子」這兩個字，就生出一種奇異的認同，感覺自己也跟著縮小了。生如微塵，在這個飄飄蕩蕩的世界裡，偶然得到一些幸福，偶然理解到：有些事非我們不可，有些事情，我們再努力也沒有用，但是，即便知道努力無用，就能夠輕易放棄嗎？

當整個世界無止盡在考驗我們時，我們只能認真活在當下。「入則孝」，讓老人跟小孩相互依存；「出則弟（ㄊㄧˋ）」，讓每個需要改善的環境，都因為一個個團體的努力，變成美好的夢想，一點一滴累積「謹而信」的生活資本，一點一滴因為「汎愛眾」，讓我們的世界更加幸福一點點，大家相互關心、靠近，感謝所有的相遇。

親仁，所以行有餘力。我們把生活調整好，讀一點書，寫一些字，就是還不錯的人生。

讓所有的限制都打破

話說

子曰：「君子不器❶。」

❶器：器皿，引申為才能。意指君子學識淵博，不會像器物一樣，只有一種用途。

語意

君子心懷天下，應該懂得適應世界的變化，不能像器具一樣定型。

事典

看到「君子」，我們很容易聯想起「小人」。君子和小人的對照有三層意義：第一層，是從最初的部落統治延伸到封建社會，君子和小人常用來代表貴族與平民的不同階級。第二層，是在教育普及之後，思想流派不斷衍化，又因為信念和堅持不同，區分成君子儒與小人儒。第三層，是在階級瓦解、思想不再獨尊威權以後的現代，君子和小人，成為人格高貴與卑劣的顯影。

孔子生存的時代，君子和小人的概念仍停留在「社會階層」。原始初民為了在這個艱難的世界存活，大家得相互依存，在很多人、很多意見中，總有一些人腦子動得快又有效率，很快就能協助大家解決問題，就像「君」的古字源，上半是「手」、下半是「口」，有一條牢靠的「繩索」把大家緊緊兜在一起，這就是君子。

「君子」出現後，慢慢在口語傳說中被神化，平凡的人生變得微不足道，只能靠近、仰望、信賴，所有的人被均一「小人」化，接受指令，安安靜靜活下去。原來，君子跟小人最初的階級差異，只是性格上的不同，一開始並沒有世襲；只是在危險邊界，動物來了，洪水來了，地震來了，總是有些人特別厲害，在最短的時間把大家聚合在一起，然後在一起結婚又生了小孩，小孩又特別的聰明，大家都覺得活在他們身邊很安心，心甘情願擔負基礎工作。

做事的人多，做決定的人少，階級開始金字塔化。以前的生活因為死亡速度太快，小小的土地就足以生養所有的人；自從君子帶來安定、幸福，大家都可以好好活著，土地不夠用，就開始戰爭。君子必須坐進戰車，騎上戰馬，打在前面，小人拿著旗子跟在後面，殺戮、死亡、勇氣、鮮血，全都是君子璀璨絢麗的故事，於是小人就開始仰望君子，形成中國古代「公」、「侯」、「伯」、「子」、「男」五等爵制，經過歷代變革，一直沿用到中華民國前期。

「士」和「大夫」出現，原來是為了服務貴族階層。和平時期任官吏，爭戰時為兵卒，文武相通，及至戰國時期全民皆兵，士人不復保家衛國，演變為士族、官員、豪族的通稱，不但直接參與國家政治，又是文化、藝術的創造者和傳承者。

當貴族特權崩解，階級面臨變動，君子和小人的差異就從「社會階級」轉變成「生活面向」的不同。在孔子之前，知識被貴族壟斷，只有最有名望的清流才可以辦書院，平民沒有機會接受知識。孔子卻只要找個樹蔭、有個高臺，就開始講課，有教無類。讀書人愈來愈多，士、農、工、商都有機會透過學習，選擇生活面向的調整和轉變，掌握機會，從低階的小人層級擠進上流的君子位階。

階層鬆脫、瓦解，人們找到重生的機會。究竟在階層流動中，要讓自己往下，還是往上？成為一種嶄新的思索和選擇。這種新興的讀書階層，成為「君子儒」，在大是大非的判斷和選擇，形成寬闊的格局。另外還有一些讀書人，少了這種開新啟後的力量，反而拘泥在應該遵守的規則、秩序、詩禮樂和道德仁義，慢慢變成「小人儒」。

做怎樣的人，你是有選擇的

隨著君子階級慢慢擴大，人格的對照，形成君子和小人的第三層變化。《論語》裡的君子與小人，不再是社會階層的區別，轉而成為「人生選擇」的對照！君子的意義，愈來愈清楚的代表一種生命價值，在關鍵時刻反覆自問，還有逆轉困境、力爭上游的機會嗎？

隨著不斷的辯證和奮鬥，君子可以掙脫外在的評價和限制，找到生存意義，人生就有了平衡與圓滿的機會。有了這些自覺，就理解生命有很多可能；無論是做為一個領導者，還是道德人格者，不要讓自己的思想和才能拘泥在「僵化的限制」中，要堅持信念，多方接觸、吸收，跨領域學習和整合，才能適應瞬息萬變的現代社會，做出選擇。

這時，「君子不器」的意涵，就深化成豐富的層次。第一層，君子不受限制，樣樣學習，竭盡所能去理解生命中值得了解的事情。第二層，在不侷限於一種「器」的理想中，還是要認真成「器」，付出力量，形成價值，只是不受限制，留下自由的彈性。第三層，「器而有為有守」，不受限制和利用，一如原始初民的艱難世界，即使有再多人、再多意見，還是會有一條牢靠的「希望之繩」，緊緊把大家兜在一起。生活有了更多的選擇，人生格局就會變得更寬闊，所有限制也才有機會被打破。

提早規畫，認真面對

話說

子曰：「人無遠慮❶，必有近憂❷。」

❶**慮**：思考、謀算。

❷**憂**：愁悶、擔心。

語意

除了要提早對未來做深刻考慮，更要在當下困難時認真面對。

事典

讀《論語》，從「學而時習之」的關鍵時刻啟程；帶著「閱讀」和「思考」的輕裝備，揭開侷限我們的「世界迷惘」，遠離「危險迷途」，確認生命地圖。根據孔子學校兼顧理性和感性的課綱和課程，從「孝弟（ㄊㄧˋ）謹信愛仁學文」開始修煉，謹記「君子不器」的通關密語，打破限制。

從此，我們對世界的認識，漫長時空中的無限可能，便能從僵固的「唯一解釋」中釋放。一如啟蒙時期的人文學者，認真揭開長達一千年的「中世紀面紗」後，有人從科學實證角度切入，欣喜於這段文明的「黑暗時代」，終於在智識上有所突破；有人卻因為民主革命後一連串社會環境的劇變，以及工業革命帶來的功利主義，特別興起一種天人環境和諧、精神安閒美好的懷舊幻想。

中世紀的封建社會，從國王、大封建主（公、侯、伯）、中封建主（子、男）到小封建主（騎士），而後是主人可以隨意買賣的農民、僕人、工人甚至軍人，這些都算是「奴隸」，平民很少，仍須要找到主人效忠。這樣森嚴的社會階級，是不是和春秋、戰國非常接近？原來啊，文化可能有所差異，人性的發展卻總是大同小異。隨著人口變多、文明交流帶來更不確定的合作與競爭，階級的界限慢慢鬆脫、崩解，人們也愈懂得跨領域檢視、整合，愈容易找出適應未來的方向。

螞蟻、蜘蛛、蜜蜂，可以共好

站在新時代風起雲湧的思潮上，無論政治、經濟、社會、科學，都需要在閱讀、辯論和寫作中，反覆檢驗。純粹的「輸入」和「輸出」，跟不上迅急的變化。多元統整哲學、繪畫、政治、科學、法律、神學、辯論和散文創作的英國子爵——法蘭西斯．培根就曾大聲呼籲：「我們不應該像螞蟻，只是收集食物；也不可以像蜘蛛，只從自己腹中抽絲；要像蜜蜂一樣，採集後加以整理消化，才能釀出香甜的蜂蜜。」

我們透過螞蟻、蜘蛛和蜜蜂，看見三種人物原型：拘泥學習的「螞蟻式學者」和急切吐露的「蜘蛛式才子」，都不如結合理性和感性的「蜜蜂式綜合全才」。後來，螞蟻、蜘蛛和蜜蜂又成為三種學習層次的象徵：螞蟻式學習「照單全收」，沒有經過思考、組織、內化，被動而徒勞。蜘蛛式學習吐絲結網，過濾、篩檢，較能有系統的「主動吸收」。到了蜜蜂式學習，藉由飛行，提高視野，綜合採集後轉化、醞釀，進一步提出「創造性的見解和創作」。很長一段時間，大家都認為「螞蟻」和「蜘蛛」比不上「蜜蜂」。

隨著時間篩洗，不同時代的不同信念和堅持，經過檢視和翻轉，開始凸顯出嶄新的內涵。絕對的標準消失，並置美學興起，再也沒有優劣評價，沒有應該或不應該，我們只是不一樣。收集食物的螞蟻認真專注，腹中抽絲的蜘蛛熱情奉獻，採集整理的蜜蜂香甜活潑，活著的美好，就是為了發現千百種風景。

後來，「遊戲心情」和「個人自由」成為文明緊繃後的翻轉和救贖。「螞蟻」、「蜘蛛」和「蜜蜂」變成有趣又有意思的「最佳昆蟲選拔賽」。螞蟻上場，勤快的蒐集食物，示範各種家事達人做事效率和享受日常生活的當下感性。蜘蛛接

著上場，開始異能表演，不斷從腹中抽絲，打破平凡，創造驚奇，並且可以有效的知性運用。最後在蜜蜂上場後，釀造花蜜，辦開心Party，讓大家在甜蜜的分享中理解：共好，才是最幸福的生活。

從「螞蟻、蜘蛛比不上蜜蜂」，到「放棄評價，每個人都不一樣」，最後又發展成「開心就好」，這就是「有機學習」。我們讀的書、提出的解釋，都會因應時代、人性，以及各種文明流動，不斷改變。

翻讀《論語》，我們也要記得，不僅是做人要「君子不器」，讀書也要打破侷限。在最初的戰亂時代，衝突和災難的範圍較小，簡單的「人無遠慮，必有近憂」，就是為了提醒大家，一定要對未來懷著憂患意識，未雨綢繆，否則一定會遭遇不可預測的困難。後來，世界變大，地球的資源相互共生，「遠慮」和「近憂」成為等價交換，我們的短期滿足和消耗，往往犧牲了長期的利益和大環境的利益。當資源緊縮，我們應變的能力就變得更加重要，無論是長期謀畫的「遠慮」，或者是提早發現問題的「近憂」，都成為我們好好活下去的重大考驗。

「提早規畫未來，認真面對當下」，這是此時此地最重要的課題。至於以後的「遠慮」和「近憂」，還會有什麼變化？我們可以繼續看下去。

人生解謎

話說

子曰：「吾十有❶五而志於學，三十而立，四十而不惑，五十而知天命❷，六十而耳順，七十而從心所欲、不逾矩❸。」

❶有：同「又」。

❷天命：不能為人力所改變的事。

❸逾矩：「逾」，越，超越；「矩」，規範、法度。

語意

我十五歲時，確立人生目標在於學習和教育；三十歲時，節制知禮，做人行事都更有把握；四十歲，熟悉了人事變化，不再猶豫、迷惑；五十歲得知天命，學會不再強求；六十歲，聽得進不同意見，明確辨識出話語和訊息的是非真假；到了七十歲就隨心所至，不影響別人就好。

事典

這個簡單的句子，看起來很容易解釋，其實藏著一個有趣的謎題。

從字面上看，我們透過孔子的「履歷表」，用簡單的幾句話總結一生，看見他艱苦奮鬥的精神：「十五歲立志學習，三十歲獨立，四十歲不再受到誘惑，五十歲懂了天命，六十歲聽得進不同意見，七十歲想怎麼做就怎麼做，自由卻懂得節制。」

可是，再仔細想一想，這真的是那個在逆境中孤單長大的孔小丘嗎？「入太廟，每事問」的認真和好奇，到哪裡去了？在艱難生存中「多能鄙事」的勞動教育，影響在哪裡？從小接受母親嚴格又充滿啟發性的引導，有什麼理由在長大成熟之後，忽然一本正經「痛改前非」，承認自己並不認真，一直等到十五歲才立志學習？怎麼樣？這些謎題，是不是很有趣？值不值得我們找出線索，好好解謎？

首先，我們先大範圍掃描《論語》結構，才能理解真正的主題。第一篇〈學而〉十六章，談的是學習和思考的**自我**

訓練；到了第二篇〈為政〉二十四章，繞著「為政以德，譬如北辰居其所而眾星共之」的主軸，討論道德、知識、能力的進一步聯結運用，透過**自我管理**，不斷檢視，力求精進，想辦法貢獻家庭、社會、國家。

接下來，停留在「學」這個字的小鏡頭，我們可以找到像動畫超短篇一樣的摸索和成長。從字的基底，我們先看到一個小小孩，慢慢往上張望，寬闊的世界卻被一大片「天幕」蓋起來，然後在這無限蒙昧中，努力掙扎，終於建立起「思想櫥子」，一格一格，把接收到的混亂和驚喜都整理好。這就是每個幼兒的發展歷程，從小就對「我」以外的大世界好奇，對學習充滿渴望，無論有沒有去學校、是不是受到肯定，就是想伸出手觸摸世界真實，喜歡提早掌握這個神奇世界的權威感。

修煉，就是不斷的自我建設

所以，這十有(ㄧㄡˋ)五而志於學的「而」，在結構中特別重要，撐起一種心理情緒的厚實，凸顯出內在決心的逆轉，而不是外在時空的遞進。像練武的小學徒，經歷「十有(ㄧㄡˋ)五」的壓腿、下腰、扎步、擺踢、曲伸、掃轉、跳躍、滾翻……努力為個人修煉做準備；「而」這個字，宣告了小學徒跨出「舒適圈」，行走江湖，投入真實人間；看見缺憾，盡全力補足、圓滿，但又不一定成功，只能確立目標，「志」於學，提供教育機會，希望從根本解決更多問題。

他開始相信，每個人從小都有提早掌握權威的渴望，摸

索、好奇、解謎、自由選擇，決定自己的人生，這就是最根本的學習動機。他終於在心中種下希望種子，相信教育，渴望成立平民學校，直到「三十而立」，開啟了有教無類的嶄新世代，為他所摯愛的世界，接生出無限可能。

隨著十年歷練，到了四十歲時，身心慢慢疲倦、衰頹，青春時不顧一切的瘋狂和任性都慢慢消失，如果曾經有一、兩分鐘想透了，就是生命中最燦爛的時光。很多孩子在十幾歲時喜歡鑽牛角尖，執著於人生活著到底有什麼意義？到了大學，站在「渴望獨立」與「害怕承擔義務」的邊界，更是糾結反覆；到了三、四十歲，人生的負擔和疲倦鋪天蓋地襲來，每個人都承擔起不同角色的責任，無止盡的忙碌著，實在沒有那麼多時間糾纏在迷途的十字路口，無論是日常雜務或意外波折，都只能在每一個當下認真把每件事情做好，安安靜靜的，像蠶在吃桑葉般一點一滴往前走。

儘管「四十而不惑」這五個字，是為了提醒大家，不要迷惑，也不要被誘惑；在這個人生階段，引誘和迷惑實在太多了，只要禁得起考驗，就能夠發現問題，解決問題，進而能安心迎接五十歲。該做的事都做了，便愈加明白，自己的努力不一定能決定成功或失敗；彷彿看見天命，盡己所能，接受永遠不會改變的事實，無愧無悔的走到最後，也許會了解這就是今生的使命，或者會看透：即使還有這麼多未完成值得繼續奮鬥，仍然是過得還不錯的今生。

當生命繼續往前走，人事經歷多了，六十耳順，不是指每一句話聽起來都舒心，而是人生有限，還有更多不能計畫和預料的分岔，珍惜此時此地，縮短排解的時間，不開心的機會變少了，也接著解開了七十歲「從心所欲、不逾矩」的矛盾謎題：堅守信念，記住生命永遠有一些不能超越的底線，自然就可以又自由又順心啦！

卷四

朋友，成長途中的驚喜

一起迎向幸福

話說

子曰：「不患❶人之不己知❷，患不知人也。」

❶患：憂慮、擔心。

❷不己知：「不知己」的倒裝，不了解自己。

語意

不怕沒人看見自己，就怕自己不了解別人。

事典

在踏上《論語》旅程以前，我們先感受戰亂時代人們對平安喜樂的渴望，再帶著「閱讀」與「思考」的輕裝備，以及各種關於學習的想像和祝福，不斷通過自我認識和自我管理，努力做自己的煉金師。最重要的，還是要從「我」這一小點，慢慢跨出去，和更多的人、更大的世界聯繫起來。學習旅程最重要的停留，就是在「和自己的相處」、「和別人的聯結」到「和世界的共好」這幾個驛站，慢慢通往自己喜歡的所在，才能找到屬於自己的平安喜樂。

我們歷經一個個生命小站，有一些快樂的記憶，也有一些磨難，多數的小挫折和小失意，忍一下就過去了，我們永遠可以期待下一站出現更好的風景。不過，渴望被喜歡、被相信，期盼得到讚美、誇耀和激勵，是人的天性。有時候，我們得意時沒人發現，對自己不太滿意時，又被別人指出來，我們就從心裡湧出波瀾，想生氣、反抗、抱怨、辯解，想辦法催眠自己「都是別人的錯」，替自己找理由開脫。

這種「情緒系統」，本來也許只是小問題，卻常在生命流動中擦撞，造成想像不到的「當機」。

「不患人之不已知」，就是離開「和自己的相處」這一站，順利通往「和別人的聯結」下一站的關鍵轉折。提醒自己，一定要做好情緒管理！

「共好」的湯底是同理心

根據心理學研究，同樣的事物，因不同的生長環境、文化習慣和性格態度，必然產生不同的認知，大部分的人際衝突，都來自這些差異。所以，我們必須先**拋掉既定印象**，不必急著問別人是不是了解自己、喜歡自己，而是**察覺差異**，用更寬闊的視野容納不同觀點，問問自己還能做什麼？想辦法在做得到的範圍內，透過**訓練和紀律**，提升自己的能力，不再那麼在乎別人怎麼說，更能堅持自己的主張走下去。

經歷過「人之不己知」的「患」，我們才能夠了解「不知人」的各種問題。想擁有知人之能，首先要有「同理心」：了解別人，掙脫自己的視角，仔細觀察，釐清每一個人的不同處境，發現差異，了解各自迴異的需求，進而「發現別人之能」。在這個孤單的世界，結合不同的人，透過關心和夢想，讓整個世界「團結共好」，更重要的是，「不要怕別人比我們更好」，這才是生機蓬勃的「知人」。

從「同理」、「發現別人之能」到「團結共好」，都是讓生活變溫柔、變豐富的捷徑；最難做到的是「承認別人比我們好」，甚至還要創造機會「讓別人更好」！當我們擁有一點才華，卻發現夥伴比我們更好時，就面臨生命的考驗。通過之後，我們就會發現，世界變得壯闊，有一些想像不到的美好，領著我們的生命列車，航向無限可能。

曾經在流行音樂掀起翻天覆地的改變，為英國搖滾藝術開闢新路的「披頭四」樂團成員約翰．藍儂，在短短的四十年輝煌後，留下一句非常美麗的叮嚀：「孤單作夢，只是空想；一起作夢，美夢成真。」這句話中的關鍵魔法，就在「一起」這個詞。像小智和他的寶可夢，鏈結成命運中最好的夥伴，在不斷的對決和考驗中，慢慢明白「實力精進」比「找藉口」更重要，學會接受批評指教，尊重不同的價值觀，真誠的結交朋友，豐富閱歷，即使在面對各種長期對峙的勁敵時，最終也都能友善和解成為朋友，大家一起追夢。

心靈強大，是小智旅行中最重要的法寶。「決不放棄」是他的名言，無論面對任何逆境、失敗，都能重新振奮，即使生病受傷，也能很快恢復。循著敏銳的觀察和深沉的羈絆，不患「不己知」，深情專注的「知人」，透過一場又一場驚心動魄的冒險，大家一起迎向幸福。

從情緒管理到面對問題

話說

子曰：「見賢思齊焉，見不賢而內自省也。」

語意

見到好人，要向他看齊；遇見不好的事，要反省自己，努力做得更好。

事典

喜歡聽故事嗎？來，說個故事給你聽。從前從前，有一頭負重的工作驢，氣喘吁吁的求馬幫忙：「拜託拜託，幫我馱點東西吧！對你來說，這不算什麼；可對我來說，卻真的鬆了口氣。」

「憑什麼讓我做這種粗活？我可有更重要的里程要跑呢！」馬不高興的拒絕。不久，驢累死了，主人只能將驢背上所有的貨物，挪到馬背上。馬懊悔，又有什麼用呢？

無論是驢還是馬，只要並肩站在一起，就是夥伴。「沒有人是一座孤島，我們一起構成整體。」這是英國詩人約翰·鄧恩的詩句，提醒每一個人，我們彼此相關，都是社會的一小塊拼圖，像繪本《失落的一角》，滾啊滾，找啊找，直到我們回到歸屬，也像醜小鴨終於變成天鵝，找到屬於牠的家、牠的朋友，一起飛翔，才能找到光，照亮過去全部的黑暗。

成長的歷程就是這樣，從一個人的修煉，慢慢找到朋友，擁有夥伴，參與一個又一個不同的團隊，在一個又一個人生驛站中，付出、成全、互相依存、激盪，認真活出更豐富的樣貌。

人際關係的整理和調整，成為最重要的學習。每個人的個性不同，身後的背景教育差異也大，人際相乘的熱血和衝動，浪漫和冷酷，競爭和忌妒，加上大團體、次團體、小團體之間的運作和角力，友情的變化，情緒的牽動，衝突的發生，和解或者是不能和解，每一天都「很有戲」。

有時候，我們碰到「不對的人」，會產生情緒上極大的糾結和痛苦。別擔心，只要認真觀察、思索，會發現「怪別人主義」者和「搶功勞主義」者，常常是同一批人，他們不喜歡負責任，也沒有意識到自己已成為別人心中的「黑名單」。我們若能跨出綑縛自己的「疼痛圈」，便可以觀察到，喜歡佔便宜的人，常常失去更多的機會。明白之後，我們回到自己的情緒，負起必要的責任，也能活得更乾脆、更熱血、更快樂。

但是，嚴謹的心，受到的限制就比別人多，不容易自由揮灑，所以，認真、負責並不能保證快樂，有時因為怕被責怪，反而選擇責怪別人、怨惱環境，藉以保持尊嚴，不被發現自己的脆弱和驚惶。這時，除了拼命做好每一件事，我們更要學會放慢腳步，接受挫折和失敗，只要盡了力，認錯，也就成了光榮的印記。

看著典範，訓練自己

面對人際關係的各種困惑，我們可以「見賢思齊」，透過「典範」的建立和尋找，把重點從「我」移轉到我以外的大世界。如果生命是一場自我訓練的過程，生命中相遇的人，是一本又一本不同的書，整個世界是一座藏著無限寶藏的圖書館，那麼我們可以用心去觀察身邊的人，找出好書，確認生命中的典範，引領我們，形成在挫折中不斷站起來的力量。

「見不賢而內自省」的意義，並不是指別人不好。仔細檢視，會發現其實是自己不夠好，才會在生命不順遂的時刻，放任藏在內心的負面情緒無限擴張。所以，「見不賢」像是一個「暫停鍵」，讓我們看見自己的第一層**直接情緒**：「不是我！都是別人的錯！」接著進入第二層**情緒徘徊**，慢慢想著：「我不想成為那樣的人，可是，為什麼我會有這些負面反應呢？生活中怎麼會發生這些事，有這些困境呢？」這就到了關鍵轉彎的第三層，超級重要的**情緒位移**，我們開始同理：「有一些人，有一些事，為什麼會變成『不賢』，是誰的問題？我有責任嗎？」

離開孤島，我們再也不會覺得都是別人的錯。在「見不賢而內自省」的過程中，我們從基礎情緒管理，學會面對問題，勾勒出「現存困境」後，進一步面對自己，檢視外在生活的侷限和美好，看見內心精神的陷溺和飽滿，找出熱情和專長，好好表現自我、享受自我，而後才能「見賢思齊」，理解真正的「自在」，就是「自」己「在」這個當下，找到力量，追尋典範；有所節制，也有所堅持，安心往前，匯進一個更寬闊的世界。

生命的喜悅

話說

子曰：「德不孤，必有鄰。」

語意

仁德永不寂寞，總會有思想一致的人相互呼應。

事典

「沒有人是一座孤島，我們一起構成整體。」英國詩人約翰・鄧恩的詩句充滿警世力量，希望大家藉由「見賢思齊，見不賢而內自省」的反覆努力，找到歸屬，成為美好社會的一小塊拼圖，照亮過去曾經脆弱、孤獨的黑暗。

不過，如果閱讀整首詩，會有完全不同的感覺，彷彿走進黝暗深沉的奇幻小說，無論土地大小，光明與黑暗都緊密相關，我們都在艱難跋涉中，奮力尋找遠方的一絲微光：

沒有人是一座孤島，我們一起構成整體
土塊、海角、莊園，一旦被海水沖走，不論屬於誰，
世界都會變小
任何人的死亡都是損耗，我們與生靈共老
不必問喪鐘為誰而敲；鐘聲，為每一個人哀悼

這就是「德不孤，必有鄰」的深邃詩意。「德不孤」映現出「沒有人是一座孤島」的前因；「必有鄰」則清楚照見「我們一起構成整體」的後果。只要是對的、值得的信念和堅持，即使在短時間內沒有相互呼應的夥伴，時間一拉長，還是會發現同樣性情和抱負的人持續在努力。「德不孤，必有鄰」，不僅是人生經驗，更是一種社會生活的規律。

美國暢銷書作家史蒂芬．金的作品裡，永遠有一個無所不能的魔鬼誘惑，透過人性的諸多面向，在瞬間掠奪世界上百分之九十以上的力量；最後在萬般崩裂的懸崖邊緣，靠著百分之一的領悟（有時候更少，只剩下最後一個人）仍牢牢據定土地，守護瀕臨道德摧毀的家園。這世界的美麗便在於，無論崩毀到什麼地步，總會有一兩個人，守在邊界，讓我們不至於墜落。

神話、傳說和奇幻故事，最容易凸顯出「英雄之旅」的艱難和壯闊。一場又一場時空通道中拼命掙扎的生死搏鬥，從夸父逐日、女媧補天、《魔戒》聖戰、哈利波特與佛地魔的對決……所有陰暗墮落的誘惑和考驗，都像失控的「極速列車」，衝往絕望懸崖。就在這關鍵時刻，總會有一些人、一些堅持，強悍的站在邊界，用一種頂天立地的決心和希望，阻擋每一班「失速列車」奔赴毀滅。在最後一瞬停下重整，找出方向，重新啟動，世界又開展出一次又一次「成住壞空」的循環。

真實生活，當然不容易遇見奇幻英雄，不過我們在翻讀這些故事時，確實可以透過不同的層次，增加對「德不孤，必有鄰」的多重理解。

有原則，心安理得的活

第一層是**信心**。我們剛做了決定，不知道結果如何，自然會有點忐忑，「孤」就是是一層又一層不安的襯影，最後塗抹出最重要的「鄰」字。「鄰」的意思是「靠近」，即使是少數人的互相靠近，也會讓我們安心。如果我們想要得到大範圍的肯定，或讓大部分的人說我們好，靠的不是「德」，比較可能是「權」、「謀」、「錢」、「術」，時間拉長，很可能真相愈扯愈殘破，愈來愈不像我們渴望的完美。其實，想要得到真正的幸福安定，無論任何人、任何事、任何地區、任何時代，原則一定是「團體利益大於個人利益」、「長期利益大於短期利益」。

有了原則，接下來的第二層意義就是**選擇**。我們確信「德不孤」，但也知道「必有鄰」的鄰，其實是少數，我們得到的共鳴、支持和照顧，和大部分的人相比，可能慢一點、少一點，甚至還要更寂寞一點點。不被肯定、不被了解，卻依然可以心甘情願的堅持下去，這就是「君子」的價值。即使面對孤立、誤解，還願意不顧一切去奮鬥、去付出，我們做得到嗎？還想做這樣的選擇嗎？

最後，最重要的第三層是**喜悅**。相信「德不孤，必有鄰」，無論做了什麼決定，結果如何，都會祝福「好事發生」，認定生命中所有的美好，都是「芬芳會回頭」。每一次艱難挑戰的關鍵瞬間，只做自己做得到的事，不去猜測別人怎麼想，回眸過去無悔，展望未來無懼。這樣，更能打破「人生不如意事十常八九」的迷思，對我們存活著的此時此地，無怨。

讀通了《論語》，帶著信心，忠於選擇，並且活得心安理得，就能從內心深處，咀嚼出生命的喜悅。

人生的加法和減法

話說

子曰：「君子泰❶而不驕❷，小人驕而不泰。」

❶泰：舒適、自在。

❷驕：高傲、自滿。

語意

君子安靜坦然，從不傲慢自滿；小人驕縱自大，忘記了安靜守禮。

事典

春天來的時候，天空好藍，泥土也都香香的。小花和小草在熱鬧的草原上，驕傲的地抬起頭來，拼命在比高。

這邊有小花尖著聲叫：「我比較高。」「我啦，我才高呢！」那邊又有小草急急忙嚷著。話沒說完，又被另一株小草不服氣的打斷：「哼，我最高。」

馬上又有亂紛紛的聲音，從這裡、那裡冒出來：「我啦！」「我啦！」「我最高！」

想要睡個午覺的大樹，被他們吵得心裡好煩，忍不住輕咳了一聲，叫大家不要再吵了。

「誰？是誰？」忙著比高的小花和小草，嚇了一大跳，不禁拉長了脖子東張西望的問：「到底是誰？是誰在說話？」

大樹搖搖頭，沒有再回答。小花和小草都這麼小，怎麼看得到大樹在講話呢？

讀完這個故事，放下理性思索，純粹出於感性和直覺，跟大家分享，自己比較喜歡小花、小草，還是大樹？覺得小花、小草很可愛？還是很幼稚？大樹呢，很聰明？很厲害？像無所不能的魔法師？還是公園裡的警衛爺爺？

再認真想一下，這個故事讓我們體會到什麼？童年的好

奇，青春昂揚的活力，還是謙虛代表的智慧？成熟讓我們低調，深水無聲，半瓶水才響叮噹？

無論是讀書還是聽故事，我們總有很多和別人不一樣的體會，隨著時間流動，時代的氛圍不一樣，大家對同一件事的理解，也會改變。

在很久以前，我們把「君子泰而不驕，小人驕而不泰。」解釋成人格的高下差異。瞧，當我們仔細拆解「」這個古字，一個人，舒適的攤開身體，張開雙手，沖水，什麼負擔都沖掉了，保持清淨、輕鬆、自由。「泰」字就是一種減法，一種卸下負擔的自由。「驕」的本意是高頭大馬的馬，馬不只代表財產，還是奔跑、侵略的象徵；一匹漂亮、壯碩的馬，跑得比別人更遠，打過比別人更多的勝仗。

「驕」字背後就藏著更多更多的加法，追逐更多的可能，更多的欲望。所以，過去的社會價值，像一頂超大型的「透明天幕」，把我們罩在統一的要求下，希望每個人都要學會無欲無求、安靜坦然，這樣才算是「君子」；如果做不到，就是驕縱自大的「小人」。

隨著文明進步，「集體決策、共同求生」的需要慢慢降低，社會價值這頂超大型的「透明天幕」慢慢縮小，個人意志得到尊重，我們開始接受一些不一樣的生活型態。「泰而不驕」和「驕而不泰」，不再是人格好壞的對立，而是情性不同的選擇。「泰」與「驕」，過的都是好日子，比較起來，「泰」更傾向精神上的舒適；「驕」則在物質上的豐富，累積得更多一點點。

每個人的幸福，都長得不一樣

有人喜歡物質上的豐富，也有人喜歡精神上的滿足。當我們對照比較「君子泰而不驕，小人驕而不泰」時，剛好可以藉這個機會了解自己，幸福需要誇耀嗎？快樂需要肯定嗎？我們有多少選擇可以不在意別人？有多少渴望、擁有，多少次我們行動、判斷時，希望被別人看見？

當我們確定了世界有很多可能時，就可以感受到，「泰」和「驕」都是豐富圓滿的象徵。驕而不泰的「小人」，不是人格卑劣的那種小人，而是謹小慎微、簡單平凡的小人物，對每一天自己珍惜的人生，覺得幸福滿意，這其實也是還不錯的人生唷！泰而不驕的「君子」，站在更寬闊的格局，檢視更多元的問題，知道大環境長期的影響，會讓大家「一毀俱損」，同樣也有機會「共好同榮」，當我們習慣為更多人思考，也就忘記了私我的慾望和追逐。

到了現代，讀書的樂趣變多了！有人認為，「君子」是大人，「小人」是小孩。大人的「泰」，是滿足，也是漠然，總是雲淡風輕，世界看多了，情緒起伏都變少了。小孩的「驕」，帶著驚奇和喜悅，世界很大，有無限的可能值得奔馳、奮鬥。

這樣慢慢領略，閱讀的可能性就愈來愈豐富。小花、小草，以及大樹的輕輕嘆息，都變成春色裡的繽紛和芬芳，無論「泰而不驕」或「驕而不泰」，都是精采的人間風景。

「君子泰而不驕」，是習慣有所堅持後的舒適自在，「泰」是放手，是一種不需要證明的舒泰，像一棵參天的老樹，靜靜和時間站在一起，感受天空，領略風，享受遺忘；「小人驕而不泰」，帶出歡愉的驚喜和熱鬧，「驕」是緊握、特寫，期盼被人看見，是一種豐富、誇耀的展示，像一地美麗的小花和小草，急著向世界宣示：「我長大了，我好開心，我真的很幸福！」

握緊了手，確定自己「快樂滿滿，擁有很多很多」，這是很棒的感覺。攤開手，看起來掌心裡什麼都沒有，卻可以自由自在的鼓掌，感受別人的歡喜；可以和喜歡的人牽手，共有美好，也可以觸摸所有不屬於自己，卻仍然值得探索的奇異旅程；更棒的是，還可以伸出手，拉世界一把，任何人都可以因為我們活得更好，這也是值得珍惜的美好。

只要打開我們的心，無論加法或減法，都可以看見不同樣貌的幸福，安然享受生命的喜悅。

卷五

轉彎，一場又一場奇幻探險

靈魂的翻新

話說

子絕❶四：毋❷意❸，毋必❹，毋固❺，毋我❻。

❶絕：強烈警惕，提醒自己絕不誤觸的行為邊界。

❷毋：不要。

❸意：同「臆」，臆測。意指用自己的觀點，想像、解釋別人和外在的世界。

❹必：「一定是這樣」的絕對判斷，摒除了溝通、協調的可能。

❺固：固執己見。

❻我：以「自我」為中心。

語意

孔子杜絕四種常見的人性侷限，用人格示範心胸寬闊的意義和價值：絕不猜測懷疑，絕不心存偏見，絕不墨守成規，絕不自以為是。

事典

讀《論語》，最初從「學習」的起點出發，理解讀書的意義和方法；而後在「自我」的修煉和「朋友」間相互成全和考驗，經歷一段又一段生命風景；接著，各種各樣意想不到的打擊，以及無法解決的困境，讓人生在轉彎後，提煉出智慧和勇氣。

勇於冒險，就是靈魂的翻新。這就是為什麼，我這麼喜歡諸葛亮。

漢朝最強大時，世界總人口數約二點五億，中國人口約六千五百萬，幾乎佔了世界四分之一。到了東漢末年，宦官和外戚反覆奪權亂政，黃巾之亂時，人口剩五千五百萬，多恐怖啊！這一路折損的一千萬人，到底遭遇了什麼痛苦呢？這時的諸葛亮，只有三歲。而後在六歲喪母、八歲失父，當曹操在徐州坑殺數十萬人，他跟著叔父諸葛玄從動盪戰亂的黃河流域逃亡到江南，目睹血腥殺戮。直到十六歲時叔父過世，大哥諸葛瑾依附江東，諸葛亮正式成為諸葛家的「家長」，照顧弟弟，成為兩位姊姊最後的娘家。

不把自己鎖死，讓生命轉彎

這時，連年天災、人禍，瘟疫和饑荒頻傳，各地都傳出人吃人的慘烈故事。三國時代，舉國三分之二的人慘死，人口數剩不到兩千萬。

這樣的出生和成長，很絕望吧？但只要渴望活下來，就會成為希望的土壤！諸葛亮不抱怨，不憂懼，不去猜想世界殘不殘酷，不去揣測別人會不會給他機會，更不相信人生的路會被「卡」死。不受侷限，也不以自己為中心，只是安靜的觀察大環境，檢視自己還可以做什麼。在這殘破的時代創造幸福，成為他無論如何都想實現的願望。

在那個英雄群起的時代，就像現在的「球隊選秀」一樣，任何出色人物，只要嶄露頭角，就會被大財團、大球隊

「搶購」。諸葛亮年紀輕，家境又貧寒，連個「板凳球員」都算不上，只能擠在場邊，想辦法打一場引人注目的「場邊廣告賽」。

他決定改變叔父諸葛玄過去結交袁術、劉表這些政治大咖的「大老策略」，開始一種嶄新的「文青路線」。藉由雅致的南陽草廬，舉辦各種小型的主題茶會，講歷史故事，談精緻夢想，想辦法吸引龐德公、司馬徽這些優雅的天下名士加入。就像十七、十八世紀法國非常流行的客廳沙龍，由一個主人邀請不同專業的名流雅士，大家聚在一起，相互交流、提升修養，或者也可以視為充滿現代時尚的「文創茶屋」。

這就是原本名不見經傳的小人物——孔明的「幸福行銷學」。接下來，他找出歷史上和他一樣，二十幾歲就冒出頭的「模範樣本」，把治國名相管仲和救國將軍樂毅，包裝成「超強動力火車頭」，以「自比管、樂」的傲世形象，能文，能武，佐以故事行銷，對照「臥龍」和「鳳雛」，想辦法打造出「幸福製造公司」的宣傳影片。三顧茅廬，可說是諸葛亮這個新球員漂亮的宣傳戰，同時也是劉備苦心「獵人才」的「大型表演」。

最後，我們才有機會看見這個幾乎可以代言「天不時、地不利、人不和」的絕望小子，在戰亂末世、遷徙流離、不受大老重視的逆境中，打開新局，創造出一種理想典範。直到幾百年後，擅長製造偶像的毛宗崗，花了很多時間整編、註解《三國演義》，把諸葛亮在《戒子書》裡對兒子的警惕：「非淡泊無以明志，非寧靜無以致遠」，精心改造成精采對聯：「淡泊以明志，寧靜而致遠」，讓他在亂世中提出大家最需要的口號：「簡單過小日子，寧靜度好生活」，提醒大家相信，付出一輩子的苦幹實踐，就可以開創幸福的新時代。

只有深刻感受這種「開創幸福」的力量，才能懂得《論語》裡不斷壯大的信念：「毋意」，不需要猜測、憂懼；「毋必」，這世間沒有必然如何的結局；「毋固」，絕對不要把自己的選擇、行動和未來的可能，圈進圍牆；「毋我」，盡力於當下，與其堅持「我一定要變成什麼樣子」，不如去看見「這世界會變成什麼樣子」。珍惜每一個瞬間，堅守信念，選擇多數人的利益，著眼於團體，才有機會順應潮流，開創新局。

有時候，我們會以為整個世界都在找我們的麻煩。小心喔！可能是陷入了「意」、「必」、「固」、「我」的陷阱。記得翻新靈魂，拔離困局，生命就會轉彎。

人生的排序

話說

子曰：「巧言亂德，小不忍則亂大謀❶。」

❶謀：籌畫、策略。

語意

表面好聽，實則不夠誠懇的話語，可以考驗個人修養；就好像在面對小挑戰時，若能不能忍，便會影響最後成果。

事典

大部分的人讀「巧言亂德，小不忍則亂大謀」一時，會認為這是從「語言」和「行為」兩個面向，提出兩個嚴謹的標準：第一，花言巧語會混淆是非，使人喪失道德準則和處世原則，要堅守語言的真誠，更要學會辨識好聽話背後的真實；第二，有志向的人，不會斤斤計較個人得失，要懂得壓下婦人之仁、匹夫之勇，才能培養出開闊的胸襟和遠大的抱負，成就人生的志業。

不過，回到《論語》最初成形的時空，這本書並不是為了「變成課本」而精心設計，沒有主題宗旨、核心目標，只是一段段發生在「孔子學校」裡的師生對話。學生遇到問題了，就來請教老師；老師根據自己的經驗、閱讀的思索，以及對大環境的觀察和推論，提出一些原則和方法，成為一種「實用之學」，讓學生在末世般混亂的競爭拉鋸中，想辦法適應未來，努力生存。

透過對話，解決疑惑

這樣讀出來的《論語》滋味，就比「讀書」多了點真實生活的樂趣，有點接近「讀小說」的快樂。我們可以透過想像，搭築出一個師生對話的舞臺，針對學生的提問，老師仔細思考後提出引導，又被認真的學生寫進「教室日誌」讓大家參考。因此可以推論，他們一起討論的，很可能不是分別論述的兩種標準，而是同一件事，先譴責「巧言亂德」，再說明「小不忍則亂大謀」的必要性。

致力宣講儒、道、佛經典的文化學者南懷瑾，用「孔子在魯國當上司寇，七天後就殺了少正卯ㄇㄠˇ」的典故，在《論語別裁》裡，把少正卯ㄇㄠˇ的「巧言亂德」延續到「小不忍則亂大謀」的申論：「小不忍則亂大謀有兩個意義，一是人要忍耐，如果一點小事都不能容忍，脾氣一來，就會壞了大事；另一個意思是，做事要有忍勁，狠得下來，才能成事，否則姑息養奸，後患無窮。」

孔子殺少正卯ㄇㄠˇ的故事，正史寫得不多，衍伸的故事倒是有兩種不同的見解。有一種說法是，孔子深知「教育」、「文宣」的重要，少正卯善於運用語言、文字來包裝對立和放縱，對刑獄、糾察所造成的混淆和誘惑，比真正的犯罪更可怕。所以，在司法改革之前，孔子決心先杜絕禍源，才能辨偽撥正。也有另一種說法，著重少正卯精采的思想、學說和講學能力，放大孔門三千「跳槽」、只剩下顏回不受影響的對照，認定孔子妒殺。

還有更多人覺得，這個故事是杜撰的！孔子是聖人，絕不嗜殺，更不會因言治罪。

追溯「孔子殺人」的記述，最早出於《荀子》，而後又出現在《尹文子》、《說苑》、《孔子家語》和《史記》這些古老的典籍裡。可是，早期史書像《左傳》、《國語》都沒記載，更重要的是，收集孔子一生言行的《論語》，也沒有相關紀錄。

很有趣吧！跟著這些線索，確立、推翻，不斷又找出更新的證據，真有種變身「名偵探」的樂趣。因為留下來的「知識」都是破碎的，才能為「想像力」攪拌出豐沛的滋養。除非是為了提出嚴肅的學術研究，否則，享受各種不同推論，接受讀書並不一定要有唯一「正解」的閱讀魔法，像一棵樹，不斷岔出枝葉，最後再摘下一朵屬於自己的「詮釋之花」，是不是很好玩呢？還有一些影視編劇，喜歡把少正卯(ㄇㄠˇ)和孔子編寫成兒時玩伴，一路成長、糾纏，相愛又相殺，增加各種戲劇衝突。

孔子到底有沒有殺少正卯(ㄇㄠˇ)呢？我們可以提出自己的解

釋。不過，如果是捏造的傳說，在罷黜百家、獨尊儒術的兩漢時期，應該早就被推翻了，更不可能被《史記》這些典籍反覆引用。《論語》有些篇目很短，〈衛靈公〉篇卻長達四十二章，主要論述都放在君子與小人的個人修養辯證，並且延伸到政治信念的堅持和執行。所以，南懷瑾才大膽的在《論語》中，重新搭築出歷史舞臺，讓孔子針對學生的提問加以解釋。因為少正卯（ㄇㄠˇ）「巧言亂德」，所以更要「當機立斷」，不能姑息養奸，日後才能推動長遠的改革。

從春秋時代到現在，整個世界都在「巧言」中編織出一個又一個陷阱和困境。這時，「小不忍，則亂大謀」的「忍」，就可以解釋成兩種更深刻的意涵：對人的「忍讓包容」，以及對事的「堅忍決斷」。當我們學會包容和決斷，

「忍」的力量，跟著也分化成「接受」和「拒絕」。很多關鍵瞬間，忍過去了，就不必用很多時間修復。所謂「大謀」，就是我們為人生排序後的總合。每一次的忍，都是在做選擇。隨著一個又一個不重要的捨棄，才有機會界定出人生的「大謀」，拉高視野，堅定排序，全力以赴，實踐人生的嚮往。

珍貴的位移

話說

子曰：「人之過❶也，各於其黨❷。觀過，斯知仁❸矣。」

❶過：錯誤。

❷黨：朋友、同輩，意氣相投的群體；也可解釋成偏私和傾向。

❸仁：寬厚的德行。

語意

人的行為和品性有關，有優點也有缺點。表現好時，大家都開心；表現不好，才是考驗一個人的關鍵時刻，犯錯時，更能凸顯出真性情。

事典

解說《論語》的書很多，每一本都循著不同主軸行進，嶄露出獨特的個性。我們只選摘二十章，像武功「心法」，從「入則孝，出則弟，謹而信，汎愛眾」展開「自我修煉」，一遍一遍摸索，一遍一遍犯錯，一遍一遍失落又重建，直到「十有五而志於學，三十而立，四十而不惑，五十而知天命，六十而耳順，七十而從心所欲，不踰矩」，好像玄幻小說，終於完成了人生的打磨。

接著，這所有的試煉和摸索，又在**人際互動**中浮沉，從「不患人之不己知，患不知人」的起點，慢慢旋著、舞著，慢慢感受「泰」和「驕」都算還不錯的風景，而且在各種不同的選擇中，君子和小人的差異和距離，也隨著不斷調整的生命信念，不停在位移。

知所進步，而後能位移

能夠位移，知道自己還有機會，向有光的地方走去，就會從心底湧出信心和勇氣，無論天氣好壞，總會有金陽嫵媚的時候。這就是「車夫為晏嬰趕車」這個故事最溫暖的地方。即使人的出身有所差異，卻可以因為自我修煉和人際互動的微光，慢慢位移，相互靠近，簡直就是用來證明《論語》的「人性實驗室」。

春秋時期，晏嬰輔佐齊王，深怕三位居功自傲的將軍在未來造成禍害，用兩顆珍貴的桃子在宴會上離間他們，讓三人相爭，解決國家憂患。後來出使各國時，機智面對各種挑釁，化解危機，維護國家尊嚴，輔政長達五十年；最難得的是，他謙虛、謹慎，絕不傲慢待人。

有一次，晏嬰外出，車夫覺得自己給宰相趕車，十分風光，高傲的揚起馬鞭，得意洋洋的穿過大街小巷，剛好被妻子看到。她見宰相氣定神閒，自己的丈夫卻趾高氣揚，心裡覺得很羞愧，夜裡丈夫回家後，向他要求離婚。車夫大驚，詳問緣故。妻子說：「晏嬰身材不高，名滿諸侯，還是這麼謙和有禮；你身高八尺，只是車夫卻志得意滿，我恥於做你的妻子。」

這故事，用來對照君子和小人，很有力量吧？一開場，簡單幾筆就勾勒出晏嬰是「泰而不驕」的君子，車夫是個「驕而不泰」的小人。「宰相」和「車夫」是社會階級的對照，同時也在人格上形成了「德行恢宏」和「器量淺薄」的對照。

故事接下來的發展更有趣：車夫聽了妻子的話，羞愧、懊悔，從此收斂行為，謙虛恭謹。晏嬰看到這些改變，非常奇怪，詳問原因後，嘉許車夫知過能改，不失為「君子」，推薦他做了齊國大夫。這也證明了，春秋時期是貴族邊線慢慢動搖的起點，教育普及擴大了「士」和「大夫」的力量，階級流動，促成了思想和對話的翻新和重整。

車夫在人格上的「力爭上游」，得到晏嬰的欣賞和幫助，跟著社會階級也往上流動，從「小人」逐步成長為「君

子」，用真實的生命奮鬥，讓我們看見，每一個人都不完美，但是，我們在犯錯後的應對和選擇，形成往上提升或向下沉淪的關鍵影響。「觀過」，讓我們更能領略「君子」和「小人」的差異。

別讓自己的信任存摺被扣光

「人之過也，各於其黨。」這是孔子在「觀過」時的基本認識。表面上看，「黨」這個字是一種空間的關係，群聚的關係，是朋友，是人際，也是一種「同性質的組合」。

小智的寶可夢也好，角落小夥伴也好，甚至是功夫超強的少林派、峨眉派也好，看起來是建立在「空間」相屬的關係。進一步再想一想，「黨」也揭示了時間的、私密的累積過程，讓我們觀察到每個人犯的錯，都在不斷重複。我們常說：「從今天開始，我絕對不再『……』了！」其實，說過這句話以後，我們還是不斷又犯錯。

所以，人生的各種嘗試，怕的不是犯錯，而是一直重複犯錯。我們犯一、兩次錯，別人會原諒，重複三、四次，信任存摺就被扣光了。我們觀察一個人的朋友，看他累積出來的群際關係，看他遇到什麼問題，怎麼解決，觀「過」查「黨」，就是在犯錯的時候知所警惕。

在人生的關鍵瞬間，學會跳脫本能的愛恨限制，才有機會「斯知仁矣」。「知」是實踐，往下跌，還是隨波逐流，或者是拼卻一生往上走，真的想明白了，才算實踐。

當我們面對「觀過」這個機會，怎麼處理問題，找出優勢，讓自己變得更好，這就讓每一個人在關鍵時刻，像晏嬰車夫的選擇，掌握了從「小人」位移到「君子」的機會。生命不斷流轉，時而得意，時而挫敗。「毋意，毋必，毋固，毋我」的重要，就是因為很難做到。遠離「巧言」，堅守「大謀」，在一次又一次的「錯」裡，獲得全面學習，從而在生命的嘗試和選擇中知所進退，成為「不貳過」的人。

一個人能夠「不貳過」，是因為做了選擇。選擇，然後位移，這是整部《論語》反覆出現的主題。

未來的光亮

話說

子曰：「成事不說❶，遂❷事不諫❸，既往不咎❹。」

❶說：議論。

❷遂：完成。

❸諫：勸說。

❹咎：責罰、怪罪。

語意

已成定局的事，不必多說；做完的事，無論好壞都無須評論；過去的事，更不需要糾結在得失和責任的追究。

事典

讀《論語》，最重要的不是文句記誦或字詞解釋，而是生活運用。我們分析文句，熟悉典故，再和現實相互對照，一層一層衍生出更繁複的想像和推論，都是為了面對真實的人生。

「成事不說，遂事不諫，既往不咎。」這句話出現在〈八佾〉篇，這一篇有二十六章，內容主要是透過禮制，重塑政治道德和倫理思想，可以在很多小細節裡拼組出大環境的變動。

「成事」，呈現客觀事實，再說也沒有太大意義。「遂事」，強調主觀狀態，實踐了強烈的意圖，再多的建議都無濟於事。「既往」，疊加了時間的累積，追究或糾結都不過是負擔。

我們每一個人，總是要面對各種各樣的人事變動，過去的、現在的、未來的、成功的、失敗的、遺憾的……對已經發生的不糾結，沒有發生的不緊張，專心應對當下培養寬容的人格，也學習務實的生命態度。

這一章有個充滿歷史現場的開頭：「哀公問社於宰我」，骨架只有七個字，血肉卻非常豐富。最基礎的了解，得從「社」開始。

根據遙遠的神話傳說，九州既平，統治者為了號令天下，也期盼人民可以安居樂業，就為土地神設「社」。「社」這個字，從代表土地神，慢慢輻射出祭祀土地神的「地方」、「節日」和「慶典」等多重意義，用來凝聚生活在同一塊土地上的人們。後來，祭神結社，也被沿用成「為了工作、生活或共同目標」結合而成的組織和團體。

古時祭祀立社，一定要種一棵大樹，認定祭祀時神靈就附著在樹上，稱為「社樹」。每個朝代種的樹都不一樣，「夏后氏以松，殷人以柏，周人以栗」，宰我針對這三種樹，提出對三代政治文化的看法，認為「栗」就是使民顫「慄」，提醒君主，政治管理應該充滿權威，讓百姓害怕。

不糾結了，向亮處前進吧

孔子當然不贊成這種威權統治，只是深深知道，宰我的建議，其實就是直接點破哀公想要「戰」和「慄」的意志。原來啊，魯國君權被孟氏、叔孫氏和季氏三家權貴聯手架空，哀公一直想聯合諸侯討伐。可惜，打壓權貴，必須在盤根錯節的利益網結成以前。當權和利共生後，哀公的反擊，早被權貴察覺，哀公最後只能逃走。

孔子評論「成事不說，遂事不諫，既往不咎」時，一方面藏著「勸阻徒勞，追究於事無補」的無奈，另一方面，也在寬容中傳遞出最後的提醒：使民顫慄，終究不是正途。

關於宰我，大家印象最深刻的，應該就是「晝寢」時，被恩師斥責「朽木不可雕，糞土之牆不可杇」吧。其實，宰我是孔門十哲之一，好學深思，善於提問，常在時空變遷中深入思考，絕不盲從，是少數敢正面向孔子提出異議的學生。他的體質不好，需要在白天歇息一下，補足精神，孔子雖然理解，卻覺得這是老天爺不公平的對待，「朽木」和「糞土之牆」，應該是他心疼又心惜的感慨吧！

如果穿越到現代，宰我應該是最能應變的「改革先鋒」。只可惜，這樣的獨立思索，在近兩千年，還是太「先進」了。所以，師生間的辯論被記錄下來，常常變成學生單方面的「挨訓」，能夠留下「成事不說，遂事不諫，既往不咎」的對話，成為他們師生間最溫柔的記憶。

歷經文革折磨的才女楊絳，曾經在一百歲時慎重紀錄：

我今年一百歲，已經走到了人生的邊緣，沒有「登泰山而小天下」之感，只是在自己的小天地裡過平靜的生活。一個人經過不同程度的鍛煉，就獲得不同程度的修養、不同程度的效益，好比香料，搗得愈碎，磨得愈細，香得愈濃烈，我們曾如此渴望命運的波瀾，到最後才發現，人生最曼妙的風景，竟是內心的淡定與從容……我們曾如此期盼外界的認可，到最後才知道：世界是自己的，與他人毫無關係。

活到一百歲，究竟是什麼樣子？人生轉彎，曲折起伏，每個人都有各自的記憶和學習。但願我們都可以在問題最初，找到解決的方法；而所有已成定局的事，無須懊悔，也不必多說；更不需要糾結在過去的陰影，未來總是有光，照亮我們前行的去處。

如果有機會，寫一篇作文，題目就叫做〈活到一百歲〉，我們最想要寫下來的，又會是什麼呢？

卷六

世界，這麼近又這麼遠

不斷消失又重現的微光

話說

子在川上曰：「逝[1]者如斯[2]夫！不舍[3]晝夜。」

❶**逝**：往，不斷流去。

❷**斯**：此，指「眼前不斷流去的水」。

❸**舍**：即「捨」，意指「停止」。

語意

孔子在岸邊看著河水滔滔，一刻都不停息，有流光似水的感慨，也有川流不息的感動和珍惜。

事典

孔子熬過艱難的童年歲月後，十九歲成家，二十歲當了爸爸，三十歲開始教育事業。孔門十哲中的顏回、閔損、冉（ㄖㄢˇ）伯牛，以及情緣深厚的曾點、冉（ㄖㄢˇ）求、公西赤，都成為第一屆同門師兄弟。

三十五歲，魯國三桓亂起，魯昭公出奔，孔子遠至齊國避難，聞韶（ㄕㄠˊ）樂，拜師學習，在倉皇中仍然嚮往至真、至善、至美。兩年後，回到魯國，五十一歲才受到重用，從中都宰、司空，慢慢升為大司寇，削弱地方權力，整建魯國。卻在齊國施用美人計後，知道國事無望，五十五歲，開始周遊列國。

十四年的流離，從衛國、宋國、鄭國、陳國、巢國、蔡國……備經磨難，直到在政治上徹底絕望了，才又回到魯國，專研文化整理；編撰《春秋》，擴大教學規模，提出「天下大同」的理想。

面對獨子孔鯉驟逝，愛徒顏回病故，子路在衛國內亂時殉職，人生的悲痛如波濤起伏，一次又一次淹沒了他的晚年，他從不頹廢喪志，只是站在人生岸邊，看潮來潮往，安靜凝視生命的磨難。

後來為他守墓六年的子貢，視恩師博學如「萬仞（ㄖㄣˋ）宮牆」，總是好奇，為什麼孔子特別喜歡駐留水邊看波濤奔流呢？孔子笑了笑，每一個人的心，都需要一些安定的居處，水面如鏡，總是這樣多層次的映現出他對生命的堅持和盼望。

水的游動，像浩大無盡、源源不絕的無上至道；卻又寧靜無私的照顧著所有生命，從不歇息，只以善德，呼應著孔子一生追尋的人生嚮往。

當我們駐留水邊，在專注的凝視中，好像化身水滴，有情有義，安心向下，有理可循；有勇有謀，雖萬丈深谷而無懼。水面均平，很守法；滿而無求，只願正直；無孔不入，深入明察；行進有序，立志有據。更重要的是，所到之處都化為潔淨，是最柔軟的教化。這一切都讓他的心，變得安定、寧靜，彷如得到了天地無言的撫慰。

「逝者如斯夫！不捨晝夜」像一首柔軟的「抒情詩」，在《論語》這本專門為做人做事準備的「論說文」裡，讓我們看到孔子如詩的人生。

生命的花園，你想留下什麼？

「逝」這個字，走過了，沒有了，第一層意義就代表「消逝」，一種看開了的人生，其實也是消極的人生。同樣的，逝水悠悠也是前進的，綿長、反覆，無止盡的前進和循環。如《易經》第一卦：「天行健，君子以自強不息」，每一個點，都在瞬間幻化成希望的萌芽。

我們把閱讀重點放在「逝者如斯夫」，強調的是在過去的迅速消失中把握現在；移到「不舍晝夜」，則是自強不息的未來，隨時興起嶄新的機會和力量。

這種視角和情緒的游移，飄飄盪盪，翻攪出一種不斷在流動的「詩的感覺」。不只是水的奔赴，日月萬象，所有人世間的一切都是這樣在流動著，有些消失了，有些重複出現，勾連在我們的生命裡，我們讀的書，我們的家人、朋友，我們珍惜的記憶……總會有一些留下來。逝者如斯，我們也想想，如果有一天，我們離開了，會留下什麼？還是，什麼都不留下，也是生命美好的選擇？

無論是什麼都不留下，還是留下些什麼，都成為雙面的對話。海倫．凱勒在一歲七個月時因為急性腦充血，失明、失聰，以致無法說話，直到七歲時和恩師安妮．蘇利文相遇，學會說話、閱讀，取得哈佛大學文學士學位，掌握英語、法語、德語、拉丁語和希臘語的多元文化活水，成為最偉大的教育家，入選美國《時代周刊》「人類十大偶像」。這個最不適合冒險的「冒險家」，在面臨人生起伏時，竟然說出這麼讓人驚奇的話：「若不勇於冒險，就是荒廢生命。」

生命的花園，無論遇到任何考驗，都不應該荒廢，不但值得一次又一次在絕境中奮鬥，更要珍惜如水滴般無止盡湧現的瞬間喜悅。和孔子艱難卓絕的一生對照比較時，我們更能感受到他的灑脫和自在，也分外能夠領略，詩是真實生活的遁逃，在平淡重複的日常生活中，開鑿出一條時空通道，讓我們遇見最溫暖的撞擊和最密集的情緒交會。

我們把這首生命短詩改寫成俳句，也算是為孔子不斷奔流的人生，匯進一點點的微光吧！

孔子在川上
世事如水去又來
無論晝和夜

解壓人生

話說

子曰：「知者不惑，仁者不憂，勇者不懼。」

❶知：智。

❷惑：昏亂，無法辨明。

❸仁：待人如己。

語意

聰明的人不會迷惑，仁德的人不會憂愁，勇敢的人不會畏懼。

事典

所有的「不惑」，都是從「惑」開始。我們從出生到這個世界就不斷在「為什麼」中摸索，天空為什麼是藍的？葉子為什麼是綠的？玩具等一下還要玩，為什麼要收？每一天都吃這麼多餐，為什麼還會肚子餓？爸爸、媽媽愛我嗎？我喜歡的朋友為什麼不跟我玩了？

隨著年紀增長，面對課業的挑戰、激烈的競爭和外在的期待，加上父母忙於工作，互動機會不多，家庭支援的力量慢慢瓦解，人際、感情、升學和家庭關係的糾結和迷惑，愈來愈不容易在生活中取得平衡。

一開始，我們以為找人談談，想清楚，看開一點，以後就會變好。隨著時間拉長，不但沒有解決，而且會糾結在一起，只覺得說不出的壓力，慢慢攪成「迷惑的小漩渦」，讓我們活得愈來愈沉重，愈來愈分不清楚問題在哪裡。

表面上，有很多身心放鬆的小技巧，可以協助我們走出迷惑。像是建立良好作息，讓生活養成紀律；培養運動習慣，讓身心活躍舒展；參與戶外活動，感受大自然的寬闊和自在；還可以學習適性的才藝，享受成就，同時也轉移緊繃的情緒。其實，這些都只是注意力的轉移，壓力源並沒有解決，問題也就愈滾愈大，讓我們迷失方向，愈來愈不知道該

如何繼續向前。

就算是孔子，也是這樣長大的喔！小時候，他對自己的成長過程有很多疑問，甚至連父親埋在哪裡都不知道。剛踏入社會，在太廟助祭，就算從小以知禮出名，也戰戰兢兢。《論語》強調他「每事問」，就是在面對問題時，透過內心的誠懇和行事的謹慎，慢慢累積自己的生活信念。

一步一步，靠向自己喜歡的人生

這就是面對疑惑時，最關鍵的力量！我們不一定知道答案，但是，我們可以誠懇感受自己的心，把眼前的事做好，想清楚自己最在意的是什麼？想要的生活是什麼樣子？找出心中最重要的價值，這是「知者不惑」。懂得世界不是孤島，每一個人都活在相互成全的環境網絡裡，推己及人，將心比心，這是「仁者不憂」。原來啊！不惑，並不是找到答案，而是學會不要太「在乎」。不憂，也不是無憂無慮，而是不要太「苛求」。當我們放下「在乎」和「苛求」這些情緒負擔，就可以心無罣礙的融會更多的經驗和方法，不斷嘗試和奮鬥，這就是「勇者不懼」。在反覆檢視中累積成智慧、溫暖成仁德，就可以一點點、一點點靠近自己更喜歡的人生。

持續努力的摸索和前進，我們就會發現，「知者不惑」、「仁者不憂」和「勇者不懼」，不是三件事，而是自然交會在一起的整體學習。

孔子「十有五而志於學，三十而立，四十而不惑」，這是**知者不惑**。從「志於學，三十而立」到「從心所欲」，實踐的是**仁者不憂**。而隨著一輩子的艱難阻逆，無所動搖的「知天命，耳順又從心所欲」，只有在擁有了「智」、「仁」之後的「勇」，才能看透勝負、看透生死，不愧天地，不負人生，這才是真正的**勇者不懼**啊！

如果做人物設定，我們可以想像出，「知者不惑」很自在，「仁者不憂」很柔軟，「勇者不懼」很剛強，但是，當「知」、「仁」、「勇」必須相輔相成時，就不再存在固定的形象。

長期以來，高踞《三國演義》好感度調查第一名的趙雲，是「知」、「仁」、「勇」兼備的大英雄。在黃河以北的「爭霸擂臺」，他沒有選擇世家貴族袁紹，而是選擇平民出身的公孫瓚，站在人民這一邊。哥哥過世時，他回家撐持破碎的家園，而後與流離逃難的劉備在古城相會，再一次選擇和弱勢在一起，先救劉備，幫助他躍馬過檀溪，後來又單騎救阿斗。困鎖東吳時，他不受榮華富貴引誘，靠三個錦囊帶著劉備回家。攻下四川時，劉備大賞功臣別墅，趙雲立刻制止：「我們打天下，就是為了保護人民，怎麼可以接收他們的房子呢？」

完全沒有武功的唐三藏，也是「知」、「仁」、「勇」兼備的象徵：懷著普渡眾生的大愛，不畏艱難西行求經，堅定不移的追求真理，置生死於度外。

我們在面對課業的挑戰、激烈的競爭和外在的期待時，認真整理自己的心，珍惜每一天，每一個瞬間，每一個和我們錯身而過的人。不要太在意別人的評價，也不要過度去評價別人，找出自己的熱情和專長，盡力靠近自己喜歡的人生，不惑，不憂，不懼，這也會成為很棒的典範喔！

關鍵瞬間

話說

子曰：「歲寒❶，然後知松柏之後凋也。」

❶歲寒：一年中最寒冷的季節。

語意

到了寒冷季節，只有松柏仍然蒼翠，才知道這就是最禁得起考驗的生命力。

事典

在傳統文化想像裡，松柏有氣節、有操守，歷盡滄桑、幾經磨難，仍然經得住考驗，絕不隨波逐流。就像我們的人格、友情、社會、國家，通過人情冷暖，世態炎涼，永遠守住節操，堅強不屈。

歲寒的松柏，讓我們聯想到民族解放運動領袖甘地，不為暴力所屈，促成印度獨立，從英國殖民脫困。還有史學家司馬遷，因為直言進諫遭刑辱，卻更加發憤創作《史記》，留下珍貴的文化遺產。也許還有人會想到更多面對強權、暴力，仍然不改初衷的真摯堅持，各自完成了輝煌的生命奮鬥，歲寒松柏，也就用比喻在艱難困苦中不屈不撓、守衛正義的高尚品德。

這樣讀起來，很熟悉，也很簡單吧！不過，我們在解釋自己存活的世界時，最快樂的，不是在和別人一樣的意見裡拚出高低勝負，而是自在從容的，讀出自己的滋味。

《論語》的價值，本來就是為了讓我們在真實生活中，過得更輕鬆、更自在！不如就讓我們散散步，從欣賞松樹和柏樹開始，吹吹風，晒晒太陽，經歷一段又一段溫柔有趣的文學旅程。

植物界裡，有「松柏門」，適應力強，可以忍耐零下六十度的低溫，也可以抗受五十度的高溫，耐乾旱，耐貧瘠，特別喜歡陽光，卓然生長在棲息地，成為最吃苦耐勞的先鋒樹種。認真細看松和柏的枝葉花果，也蘊藏著很多想像的滋養。

松科植物葉如細針，稱為「松針」，有二針一束，也有五針一束。有一些名字叫做「杉」，其實是松科植物的葉片呈扁平線形；鐵杉、雲杉的葉子沒有長在枝條上，而是著生在「葉枕」上，像小小的嬰兒床。「毬果」上的果鱗螺旋排列在果軸上，松子帶有薄薄長翅，毬花受粉後常等到第二年才受精、成熟，所以在松樹上，同時可以看到新生的綠色毬果，和留在樹上好幾年的木質化褐色毬果，像各種世代交替的依賴、拉鋸，以及相互成全。

拿出「後凋」的意志力吧

松柏的葉片可以存活好幾年，不像落葉植物，一到嚴冬就全部落盡，而是等到春、夏季節，新葉長成，老葉才會脫落，是「後凋」而非「不凋」。這種共生和堅持，就像童話故事中的主角，在黝暗磨難的黑森林中，歷經對人性的試煉與懷疑，進而重新關切、認同與整合。回頭檢視自己，也期望我們能藉由這些不可思議的磨難和掙脫，在混亂中找到秩序，學會在現實社會中快樂的生活下去。

柏科植物最特別的是，鱗形葉片，緊覆扁平小枝，交叉對生，或三至四片輪生，毬（ㄑㄧㄡˊ）果呈圓球形、卵圓形或圓柱形，很像童話舞臺上個別的英雄特寫。童話的英文叫「Fairy Tale」，精靈的故事。我們的心靈深處，總有這麼一座魔幻原始森林。每一個孩子都喜歡擁有一座樹屋，無論是真實還是想像，當我們爬上樹幹，藏身枝葉，找到一個奇幻入口，就走進一個規則之外，意識之外，藏著無數可能的「希望之城」，我們就在這無止盡的匱乏和困境中，面對殘酷、恐懼，艱辛搏鬥，好像永遠在轉圈圈，有時成功，有時並不圓滿，但都提供了各種機會，讓我們在成長與蛻變中，扎實的鍛鍊出智慧和勇氣。

這些脫困的歷程，預言了一輩子的生命追尋。松柏是「後凋」而非「不凋」，是在等待著新葉萌生。當我們身處生命的黑森林時，想起松柏，也許能聽見柔軟又堅韌的聲音在心中反覆：「撐一下！再撐一下下就好。」

每一個艱難卓絕的考驗，都成為不能複製的美麗，一如釀造葡萄酒，在理想的氣候環境條件下，透過綜合技術，降低中後期的水分，有一些葡萄藤乾掉了，有一些撐過來，釀出來的風味就特別甜美。歲寒，就是這個「關鍵瞬間」。知道新葉萌生，一定會有人接手，我們就有足夠的信心，在最艱難時候，為自己加油：「撐一下！再撐一下下就好。」

一點點讓人眷戀的美好

話說

子曰：「不知命❶，無以為君子也；不知禮❷，無以立也；不知言，無以知人也❸。」

❶命：人的禍福好壞，受天支配。

❷禮：人倫日常的節制和秩序，立身的根本。

❸知言，知人：聽人言語得失，區辨正邪善惡。

語意

不了解天命道理，不能坦然接受成敗定數，就不能成為君子；不懂得為人禮法，就不能立身處世；不善於辨知言語真假，就無從了解人間是非善惡。

事典

現存的《論語》共二十篇，第一篇〈學而〉的第一章，以讀書、交友，貢獻於世界卻不求回報，做為「學習」的起點，也是我們加入孔子學校的「教育基礎」。而後透過「個人修煉」和「環境共好」，學會面對自己、面對朋友、面對更大的世界，才能「轉彎」，直視挫折、橫逆。

經過一次又一次的雙面辯證，以獨特的視角描摹世界風景，從「逝者如斯」讀出生命短詩；從「不惑，不憂，不懼」裡，確信並不一定要為人生的迷惑找出答案，只要在扎實的努力中釋放壓力、減輕負擔，就是還不錯的人生；更走進「松柏歲寒」的人生黑森林，挖掘出藏在集體潛意識裡的恐懼和希望。

堯曰篇，最要緊的臨別囑咐

直到《論語》最後一篇〈堯曰〉的最後一章，「知命」、「知禮」和「知言」，像在千言萬語中，挑出最要緊的囑咐當做臨別贈禮，是整本孔子學校「教學日誌」的最後叮嚀，也是編輯眼光裡，最能代表孔子教學主軸和師生互動的「精華中的精華」。

開場就是「人生整體」的領略，「知命」裡的「知」，是「大謀」、「大局」，看見漫漫時空的全面視野，深刻領略出，「命」就是宇宙的法則、時代的趨勢，再融匯進我們的性格。名作家芥川龍之介說：「命運不是偶然，而是必然，深藏在我們的性格中。」

我們的性格，又深受時代軌跡的牽引，每個人的生命選擇，就是努力掙脫最基本的生存限制，力爭上游，追尋精神嚮往，成為自己想要成為的樣子。但是，生命的浮動，常常無從預測。對於我們嚮往的目標，有時候完成了，卻擔心什麼時候會失去，更不確定是不是這就是真正的安定和歸屬？無論面臨任何變動，「禮」是最後的邊界，永遠不能越線，因為有所依循，才能堅持，「立」則是在面對關鍵考驗時的信心和力量。

最後，回到日常生活，我們將深切感受，所有的關鍵考驗都和人有關；人和人的關係，都跟我們說什麼話、對話如何實際交流有關。想要「知言」，最基本的準備是理解他人，不說是非，不聽是非，不怕是非，接著才有機會，真誠互動。認真的「聽」，發現、感受、接納；有效率的「說」，提問、表達、共享，形成深層交會。「知言並且知人」，這就是最後一章最美麗的收尾。

《論語》，好生動的教育紀錄片

整本《論語》就像一部電影：先特寫生活中一個又一個非常日常又很容易被我們忽略的「小鏡頭」，寧靜的「學而時習之」，熱鬧的「有朋自遠方來」，偶而陷入感傷的「人不知而不慍」，這一個又一個小切片，像點描畫，點著、描著，生活的樣貌就慢慢浮凸出來。

經過孔子漫長的一生，加上這麼多不同的學生，不同的難題，不同的情緒和思索，最後交揉在一起，鏡頭慢慢拉遠，遙遠、蒼茫，帶著點歲月長流般的緩緩流動，「知命」，形成生命情態的大俯瞰。

這種大俯瞰深受大環境牽引，成為一種集體選擇的土地情懷。愈靠近北方，愈是天寒地凍，只能相互成全，每一個人都有必死的自覺來延續生命開展，所以，北方的信仰和傳說，充滿著道德、成全、犧牲。到了南方，食物多了，水澤湖沼蚊蟲鳥獸也變多，故事和信念就多出浪漫、玄異、詭譎。臺灣的三太子，也從調皮、逆天的抗爭裡，孕養出歡樂的嘉年華。

這些大環境的滋養和侷限，是基因的延續；因為有幾乎無法抗爭的生存挑戰，所以必須「知命」；而後在「知禮」的節制裡，好好處事、待人；最後讓自己的生活鏡頭縮小到「知言」，像舞臺上的打光，一盞一盞慢慢熄去，只剩下一些人、一些話，閃閃發亮。

我們闔上《論語》，心裡還是暖暖的。像一天靠近黃昏，像歲末覆上寒冬，像人生走向尾聲，在離開前，更覺得這個沒有被我們辜負的人間，留著一點點讓人眷戀的美好。

卷七

活用，返回此時此地

活用成語，點亮文字

無論是東方的成語、名句，或者是西方的格言、諺語，皆凝聚著漫長時空的文明精華，打造「文學的語境」，傳遞悠遠的脈絡和豐富的內涵，在歷史演變中，慢慢融進一些故事、一些典故和許多相互滲透的領略，讓我們累積語彙，擴大視野，培養學習樂趣；增進創作能力，深刻感受語言對談或文字經營展現出來的文學魅力，生動簡潔，形象鮮明。

引用成語和名句時，不需特別勾勒出一個故事或一段時間變化，透過「不必說出來的餘味」，反而能展現多元延續的情感和哲理。最微妙的美好，在於「暗示」：不能貪多，一兩個成語已然足夠，一篇文章的典故引用，最多也不要超過三個。不斷套用各種成語和佳詞美句，會讓作文變平庸，更可惜的是，會磨平每個創作者的獨特個性。

文字裡太常出現「依依不捨的離開爺爺家」、「下雨天的落湯雞」……這些句子，真情消失，只剩下早熟的僵硬。對照這些「早慧」的成語，反觀天真的孩子，用「爺爺抱著我，像肉包的皮，我是肉包裡的肉，軟軟的，好快樂！」來具體化「依依不捨」；用「下大雨，我們全身都淋溼了，像掉在泥巴裡，腳都舉不起來」表現「落湯雞」的情境，這些素樸的描述，更表現出不能複製的感覺與體驗，精準再現風情歧異的人生階段。

所以，引用成語、名句，一定要扣回生命的檢視，世界的觀察和人生的理解。學習，就是為了活用在真實生活中，這又呼應了我們從《論語》中學會的深刻智慧。

不亦樂乎

〈學而〉有朋自遠方來，不亦樂乎？

淋漓盡致的歡愉；也可以呈現對一件事發揮到極致的盡興。

活用 大家投入機器人大賽後，設計、檢驗、反覆練習，每天都忙得不亦樂乎。

君子不器

〈為政〉君子不器。

君子學識淵博，立志遠大，不像器具，只有單一用途；有時用來比喻多才多藝，期勉每一個人都要多方學習。

活用 固守不變的觀念，難以應付所有挑戰；因此，我們應該多元學習，綜合整理，只有君子不器，才能迎接多變的世界。

遠慮近憂；人無遠慮，必有近憂

〈衛靈公〉人無遠慮，必有近憂。

沒有長遠的考慮，一定會出現眼前的憂患。

活用 人無遠慮，必有近憂。我們做任何事，都要先建立遠大的眼光，再提出周密的考慮。

三十而立

〈為政〉吾十有五而志於學，三十而立。

原意指人在三十歲時有所成就。現在除了指對三十歲的期許，也用來檢視一整個世代。

活用 轉眼間，我們走過中、小學的懵懂理想，並肩度過艱難的創業歷程，又將一起迎接三十而立的新人生。

耳順之年

〈為政〉四十而不惑，五十而知天命，六十而耳順。

在中年摸索後，慢慢走向熟年，不受語言侵擾、自然判斷真假，心情變得很安定；也可以代稱「六十歲」世代。

活用 爺爺到了耳順之年，還保有赤子之心，常冒出有趣的創意，帶著我們一起玩。

從心所欲

〈為政〉七十而從心所欲，不逾矩。

原意是經歷過生命起伏後的頓悟。現在用來代指，在任性自在的表現後，結果有好、有壞，更要提醒自己，自由需要自律做基礎。

活用 面臨抉擇，我們有時因為擔心失敗而錯過機會，有時又在率性展現自己時備受挫折，能夠從心所欲，做自己喜歡做的事，實在太幸福了。

見賢思齊

〈里仁〉見賢思齊，見不賢而內自省。

看到德行高的人，就想向他學習、趕上他，在心裡建立典範。

活用　任何團體，只要見賢思齊的人占大多數，就能不斷進步。

良師益友

〈述而〉三人行必有我師焉。

使人得到正向力量的好老師和好朋友。孔子還進一步推薦：

「益者三友，友直、友諒、友多聞。」

活用　人生旅途，因為遇到很多良師益友，才讓平淡的生活增添很多共享的樂趣和嘗試的勇氣。

擇善固執

〈述而〉擇其善者而從之，其不善者而改之。

選擇美好的典範學習、追隨，並且堅持到底。〈禮記・中庸〉進一步申論：「誠之者，擇善而固執之者也。」

活用 現代社會的資訊流通，迅速而繁雜，我們要有主見，擇善固執，絕對不能隨波逐流。

巧言令色

〈學而〉巧言令色，鮮矣仁。

話說得很動聽，臉色裝得很和善，可是一點也不誠懇。到了〈衛靈公〉篇，更進一步申論：「巧言亂德，小不忍則亂大謀。」

活用 巧言令色的人，表裡不一；愈是表面上親熱，愈不容易看到真心。

既往不咎

〈八佾〉成事不說，逐事不諫，既往不咎。

原意是不要執著做錯的事，更強調現在的做法和未來的可能。現在則表示不再追究以往的過錯，有勸慰，也可能用來告示。

活用 要領導團隊，就要有寬宏大量的氣度和既往不咎的原則，才能整合人心，一起創造未來遠景。

逝者如斯；不舍晝夜

〈子罕〉逝者如斯夫！不舍晝夜。

形容光陰如流水，不分日夜，一去不返。

活用 流年似水，歲月躺在河底，看著日升月落，落葉、浮木……一樣一樣漂過。逝者如斯，每一天都比昨天老一點點的我們，更要及時努力。

活用 每一次災難發生，所有的專業人員都不舍晝夜，忙著搶修、搶救，讓人特別尊敬。

活用名句，點亮人生

精采名句，不僅包納通過漫長淬鍊的經典智慧，還有很多滲透到靈魂裡的深情和領悟。隨著時空變遷，有些文字游動，已經在古代和現代間拉開距離，有點熟悉，又有點陌生。這種熟悉又陌生的多元運用，為這些動人的名句，撞擊出豐富的涵義和用法，更值得我們在此時此地，反覆咀嚼。

現存的《論語》共二十篇，四百九十二章，約兩萬四千字。本書選錄二十章，每週若能熟讀一章，便能剛好在一整個學期完成自己的「修煉」。

除了這些名句，還有更多精采的智慧，足以點亮人生。接下來的章句精選，從不同篇章淬鍊出更多的成語、名句，做為人生煉金師們「晉級進修」的禮物，希望大家以此做基礎，找到機會，閱讀整本《論語》，踏上進一步的修煉旅程，擷取成長中最美的滋養。

一簞食，一瓢飲，在陋巷，人不堪其憂，回也不改其樂。賢哉回也！

〈論語・雍也〉

生活簡樸，飲用最簡單的食物和飲料，就可以在閱讀世界裡享受最清淨的快樂。後來又成為「安貧樂道」的象徵，只要有堅定的信念，就能無視外在環境的困頓和考驗。和精神歡愉相比，物質生活的滿足其實很短暫。〈述而〉篇還有一句：「發憤忘食，樂以忘憂，不知老之將至。」在努力學習或工作時，連吃飯都忘了，在勤奮中有深沉的領略，所以，我們常用「發憤忘食」、「樂以忘憂」、「樂在其中」這些成語，來表示人生真正的滿足。

質勝文則野，文勝質則史，文質彬彬，然後君子。

〈論語．雍也〉

質是內涵，文是丰采，彬彬是表裡的配合和映襯。〈子罕〉篇還有一句：「苗而不秀者有矣夫！秀而不實者有矣夫！」苗，植物長出小苗；秀，吐穗開花。「苗而不秀」，抽出新芽不開花；「華而不實」，花開得好看卻不結果。這些都是外表好看，內容空虛的象徵；也可以用來比喻有好的資質，卻沒有成就。所以，讓外顯的文采和內在的實質相互呼應，既文雅，又樸實，真不容易啊！這句話，特別襯出一個人的優雅和教養。

駟不及舌！文猶質也，質猶文也。

〈論語．顏淵〉

駟，古時由四匹馬拉的車；舌：說話。一句話說出口後，四匹快馬也追不回，藉以強調「慎言」。不但要說話算話；而且要說得真誠負責，卻不輕信謠言；有什麼本質就表現出什麼樣的外表，不需造假，也不能造假。這句話，後來衍生出「一言既出，駟馬難追」的俗諺。也讓我們聯想起〈魏靈公〉篇有「群居終日，言不及義」的警告，永遠做對的事，別把時間浪費在無聊打混。更要記得〈陽貨〉篇的「道聽而塗說，德之棄也」，真正的教養，就是要學會辨識真偽，拒絕沒有根據的傳聞。

內省不疚，夫何憂何懼？

〈論語・顏淵〉

生活，從來都不是簡單的事，有一些爭執、有一些衝突，總是不斷重複。人生的難題，不需要全部解決，而是在自我反省、檢視時，沒有任何有愧於心的事，就能無憂無懼。找到自己的夢想和堅持，拒絕重複的困境，收藏美好，撫平悲哀、暴怒，以及任何不定時偷襲我們的負面情緒，就能豐富自己，重新拼貼美好的記憶。

士不可以不弘毅，任重而道遠。仁以為己任，不亦重乎？死而後已，不亦遠乎？

〈論語．泰伯〉

弘，寬闊；毅，堅定；任，負擔；已：停止。讀書人致力拓展寬闊的視野、堅定的心智，以「造福天下人」為職責，責任重大，路途遙遠，經歷漫長的奮鬥，至死方休。這句話，形容為了完成信念和責任的無止盡追尋和堅持；「任重道遠」和「死而後已」，也都成為長期努力的具體目標。

己所不欲，勿施於人。

〈論語．顏淵〉

子貢靈巧雄辯，善於理財，這樣一個「人生勝利組」的紅頂商人，還是會迷惑的問老師：「世界上有沒有一個神奇的字，終身奉行，就可以得到幸福呢？」「有，就是『恕』啊！」孔子像多啦A夢，立刻從神奇百寶袋裡掏出這個字。「如心，將心比心，自己不喜歡的，別丟給別人。」這句話，實踐起來這麼簡單，卻超級有道理！一個字，奉行一輩子，就能得到幸福，真的好神奇啊！

工欲善其事，必先利其器。

〈論語．魏靈公〉

想做好工作，先磨利工具。表面上看，強調的是做事前的準備；實質上，卻是為了提醒我們，選擇品德高尚、說話誠懇的人做朋友，有時會在接收勸告時因為太直接而受傷，但是，事後總會變好。後來，這句話又擴大解釋成「想要完成一件事，一定要事先籌畫、安排，才能穩健的把事情做好」。

以德報怨何如？
子曰：「何以報德？以直報怨，以德報德。」

〈論語．憲問〉

努力不記仇，反而用感謝回報傷害，這只是「濫好人」，並不算最好的做法。面對人生各種考驗，能夠走得長遠的方法是，建立公義準則，正視不公平的對待，才能以美好回報美好。

君子敬而無失，與人恭而有禮，四海之內，皆兄弟也。

〈論語．顏淵〉

「四海之內皆兄弟」，說起來很親切，做起來也不難。只要多加發現別人的優點，就能從心底湧出真誠的敬意，這樣就不會失禮。與人相處時，尊重別人，縮小自己，凡事懂得謙讓，就會形成彼此都能感覺到舒適自在的「安全距離」，當然也就像兄弟姊妹一樣，生出世界一體的依存和信賴。

近者說，遠者來。

〈論語．子路〉

近處的人受到照顧而高興，遠方的人就會慕名前來投奔。原意指治國要先治心，由近而遠。後來的成語「近悅遠來」，則用來稱頌德澤廣被，境內人心誠服，境外紛紛來歸。〈為政〉篇還有一句：「譬如北辰，居其所而眾星共之」。北極星高懸不動，群星四面環繞，也是指治理國家施行德政，天下就會歸附，成語「北辰星拱」，就用來形容深受眾人擁戴的人。

國家圖書館出版品預行編目（CIP）資料

做自己的煉金師：來讀《論語》吧！／黃秋芳作 . --
初版 . -- 新北市 : 字畝文化出版 : 遠足文化事業股份
有限公司發行 , 2022.1
256 面； 14.8×21 公分
ISBN 978-986-0784-97-8（平裝）
1. 論語 2. 通俗作品
121.22 110016817

XBSY0043
做自己的煉金師：來讀《論語》吧！

作　　者：黃秋芳

字畝文化創意有限公司
社　　長：馮季眉
責任編輯：陳曉慈
編　　輯：戴鈺娟
美術與封面設計：Bianco Tsai
美編排版：張簡至真

讀書共和國出版集團
社　　長：郭重興｜發行人兼出版總監：曾大福
業務平臺總經理：李雪麗｜業務平臺副總經理：李復民
實體通路協理：林詩富｜網路暨海外通路協理：張鑫峰｜特販通路協理：陳綺瑩
印務協理：江域平｜印務主任：李孟儒

發　　行：遠足文化事業股份有限公司
地　　址：231 新北市新店區民權路108-2號9樓
電　　話：(02)2218-1417
傳　　真：(02)8667-1065
電子信箱：service@bookrep.com.tw
網　　址：www.bookrep.com.tw

法律顧問：華洋法律事務所　蘇文生律師
印　　製：中原造像股份有限公司

2022 年 1 月　初版一刷　　定價：350 元
ISBN：978-986-0784-97-8　　書號｜ XBSY0043